CANNES
ELLES & ils
ONT FAIT LE FESTIVAL

CANNES ELLES & ils ONT FAIT LE FESTIVAL

PHOTOS
COLLECTION TRAVERSO

TEXTES
NOËL SIMSOLO & ELISABETH QUIN

CAHIERS DU CINÉMA

À Andrée, Angélique et Alice

La collection Traverso
Depuis ses débuts jusqu'à aujourd'hui, toutes les années du festival de Cannes ont été immortalisées par les Traverso : une collection unique qui compte plus de 150 000 clichés, tous argentiques.

Dans les légendes, le lecteur retrouvera à côté des noms, des titres de films que les vedettes et cinéastes sont venus présenter.

1	2
3	4

Les pages à quatre images se lisent de gauche à droite et de haut en bas

Editorial : Claudine Paquot assistée de Alexia Renard
Conception graphique : Paul-Raymond Cohen, Clémentine Hède
Documentation : Laurie Gossein
Fabrication : Claude Morin assisté de Geoffroy Lindenmeyer
Merci à Catherine Fröchen pour sa précieuse relecture

9, passage de La Boule blanche, 75012 Paris
www.cahiersducinema.com

ISBN 978-2-86642-471-8

Photogravure : Fotimprim, Paris
Impression : Graphicom, Vérone
Dépôt légal : 2e timestre 2007
Printed in Italy

PARURES ET APPARENCES

IMAGES DE FEMMES

La femme et le septième art forment un couple éternel. Des pionnières tragiques de l'école danoise aux vamps hollywoodiennes, en passant par les divas de l'avant-garde italienne, les fantômes du fantastique allemand et les amoureuses fatales du mélodrame français, les films muets ont témoigné de cette union splendide. Son reflet flamboyant continua avec le parlant, puis la couleur et le cinémaScope. En chantant, dansant, pleurant, provocant ou riant, l'actrice charma les spectateurs du monde entier.

Elle continue à les séduire au fil des modes et des fantasmes, même si nous ne sommes plus au temps naïf où le cinéma montrait d'abord de *jolies femmes qui faisaient de jolies choses*.

Toutefois, en parallèle aux œuvres qui la sublimaient, la star féminine a toujours été un objet d'idolâtrie. Ses photos entérinaient ce culte en des portraits sophistiqués, contrôlés et diffusés en masse par les studios. Ils étaient affichés dans le hall des salles de cinéma et imprimés dans les revues. Des fans les collectionnaient. Et cela continue encore…

Hors de la clôture protectrice de l'écran, l'actrice de cinéma s'expose à ses risques et périls. Ne parlons pas des pièges tendus par les paparazzi en quête de révélations croustillantes. Ces viols de la vie privée ne méritent que mépris. Mais les images prises dans des circonstances *normales* peuvent parfois produire un effet dévastateur sur la star qui s'y prête. Car l'objectif du photographe capture des instants secrets de sa réalité qui peuvent briser l'aura forgée par un cortège de beaux rôles. Aussi, la comédienne doit rester sur ses gardes afin de demeurer une image conforme à sa légende. Il lui faut donc coloniser chaque cérémonial qui la place en icône aux yeux du public.

Depuis soixante ans, le festival de Cannes témoigne de cette nécessité. La star féminine y règne en jouant son rôle de séductrice et ne laisse rien au hasard pour entretenir sa célébrité. Elle effectue ainsi un travail du paraître qui se plie aux fluctuations des modes et à l'émergence de nouveaux médias.

Des portraits retouchés des années cinquante au défilé à paillettes de la montée des marches du nouveau millénaire, les dispositifs se sont succédés. Les instantanés, faussement volés sur la plage ou pendant les repas, jouaient d'une proximité mensongère. L'usage des accessoires visibles de la réussite (voiture, yacht, etc.) eut son moment de gloire, comme les débauches de délire au sein d'une foule déchaînée dans les rues de la ville. Dans tous ces cas, la diva cannoise était le gibier consentant des chasseurs d'images.

Elle l'est encore.

Cela demande autant de discipline que d'abnégation, quitte à changer six fois de robes dans la journée, à poser aux côtés d'une rivale détestée ou en compagnie de faux chevaliers servants, et à mimer des joies excessives ou des regards amoureux tournés vers le vide.

La comédienne consent à toutes ces mises en scène, parce qu'elle est bien consciente qu'il faut ainsi apparaître pour ne pas disparaître dans l'oubli passager ou définitif. Ne pas se conformer à ces rituels peut provoquer un retour de bâton. On se souvient de la grève des photographes en représailles de l'indocilité d'Isabelle Adjani.

C'est donc là un jeu dangereux de rapport de forces entre les femmes objets de culte et leurs sorciers enregistreurs.

Il oblige les comédiennes à une soumission prudente.

Elles l'accompagnent de plus ou moins de charisme.

Là aussi, il leur faut bien jouer la comédie des apparences.

LE TEMPS DES MAGAZINES

L'actrice de cinéma est inséparable du festival de Cannes. Cela remonte aux premières années de la manifestation, quand la vedette était seule à intéresser le grand public, à l'exception des monstres sacrés de la trempe de Jean Cocteau ou Pablo Picasso. Les organisateurs se battaient alors pour faire venir les stars d'Hollywood, les icônes érotiques du moment. Anouk Aimée, Ingrid Bergman, Danielle Darrieux, Edwige Feuillère, Rhonda Fleming, Rita Hayworth, Grace Kelly et Kim Novak apparaissaient sur la Croisette avec des ports de princesse, de lady ou de reine. Dans la tradition récente des pin-up américaines, certaines d'entre elles s'exhibaient en maillot de bain sur la plage du Carlton.

À cette époque déjà frivole, il y avait surtout *Cinémonde* et *France-soir* qui publiaient ces photographies alléchantes pour témoigner de l'importance glamour du Festival. Et leurs directeurs et rédacteurs en chef savaient que l'image d'une femme faisait beaucoup mieux vendre le papier que celle d'un jeune premier ou d'un comédien renommé. D'où la nécessité absolue de créer l'événement, réel ou non, autour de la présence de Michèle Morgan, Martine Carol, Brigitte Bardot, Gina Lollobrigida, Sophia Loren, Jayne Mansfield sur la Croisette.

Dans la presse, les stars étaient donc montrées en maillot de bain et en robe du soir, une double image qui en faisait l'objet de divers fantasmes liés à un érotisme conforme à l'air du temps et au faste des réceptions. Ces panoplies donnaient beaucoup à rêver au commun des mortels, pour qui le cinéma paraissait un monde inaccessible. L'actrice était alors une déesse. Il fallait donc la montrer dans ses plus beaux atours, dans un décor somptueux, accompagnée de célébrités diverses, grande prêtresse de rituels ou adulée par la foule déchaînée.

Les dispositifs ainsi conçus pour la magnifier perdirent leur originalité et devinrent des stéréotypes. La star féminine posait devant un palace ou dans ses salons, sur la plage ou sur un bateau, dans un restaurant à la mode ou à bord d'une jolie voiture et, déjà, sur des marches, celles de la salle où l'on passait les films en compétition ou celles d'une résidence.

L'escalier est une constante du festival de Cannes, mais il n'en fut pas tout de suite le lieu essentiel et symbolique.

Une règle s'imposa immédiatement aux photographes. Ne rien montrer de sordide, même si le déshabillage des starlettes flirtait avec la vulgarité. Ils privilégiaient le fastueux au pittoresque. La consigne était de faire beau et riche, même si les films en compétition décrivaient la misère des opprimés. Certes, les critiques parlaient des œuvres. Mais le Festival fascinait d'abord par la concentration des jolies femmes qu'il attirait. Elles en étaient la vitrine de charme et se pliaient docilement à ce statut flatteur et publicitaire, qui s'avérait utile en ces temps où la télévision était rare dans les foyers.

Sous la quatrième République, trois médias se partageaient la diffusion des informations les plus diverses : les actualités hebdomadaires passant au cinéma, la radio et la presse écrite. Cette dernière touchait le public en tous les domaines. Les magazines privilégiaient les photographies. Elles étaient le reflet des événements historiques et des faits de société. Plusieurs pages étaient consacrées au cinéma qui était alors le loisir principal des gens. Et c'est là qu'on pouvait suivre le déroulement d'une carrière d'actrice et lire les bonheurs ou les malheurs de sa vie privée.

Dans ce contexte, le festival de Cannes était le seul grand événement annuel. Il servait de baromètre à la popularité des stars. Les photographies consacraient leur statut au vu de tous. Elles permirent ainsi de réaliser que la piquante Brigitte Bardot dérobait à Martine Carol sa couronne de sex-symbol. Elles entérinèrent la concurrence de sculpturales Italiennes : Gina Lollobrigida et Sophia Loren. Elles firent accepter, pour la première fois, la légitimité d'une comédienne noire : Dorothy Dandridge.

Il fallait aussi témoigner des amours de ces femmes et prouver que leur bonheur était sans nuage. Les couples plaisaient, qu'ils soient emblématiques, Simone Signoret et Yves Montand, éphémères ou habilement constitués pour la circonstance. Ces photos rassurantes s'adressaient moins aux cinéphiles qu'aux midinettes. Elles existaient pour donner envie de traverser les miroirs, car bien des jeunes filles voulaient faire du cinéma. Certaines vinrent même à Cannes pour y tenter leur chance en démarquant leurs stars favorites en des poses hiératiques ou sexy devant quiconque voulant les photographier.

La starlette prit le relais des actrices pour les exhibitions en maillot de bain et le photographe amateur se mêla aux professionnels.

En prenant de l'ampleur, le Festival brassa les stars consacrées avec les ambitieuses et les parasites, en une *dolce vita* intensive et grotesque.

Puis le bouclier d'apparences s'effrita un peu. Les nouvelles générations de comédiennes affichèrent une certaine simplicité et tentèrent d'installer le naturel là où la posture de pin-up ou de statue marmoréenne régnait en force.

Le Festival s'y adapta.

Mais la robe de soirée persista.

Et elle persiste encore, avec classicisme ou excentricité.

LES SORTILÈGES DE LA BEAUTÉ

Les photographies cannoises de ces belles de jour et de nuit obéissent à des dispositifs différents selon les époques. Et le festival actuel contraint les stars à se soumettre des séances circonscrites dans un code de plus en plus contraignant. En antidote du portrait figé, la décontraction des premières années avait eu pour conséquence de souligner une joie de vivre au cours de la manifestation. La star prenait la pose entre deux pauses. Une impression de vacances accompagnait les images. Rien ne semblait corollaire d'un travail. La vedette apparaissait en cigale venue pour rencontrer la grande famille du cinéma et se donner du bon temps. Elle se promenait sur la Croisette, prenait des bains de soleil et hantait les cocktails avant de se parer de luxe pour aller voir le film de la soirée. Pourtant, le moindre de ses gestes en extérieur était capturé par le photographe, ou plutôt mis en scène pour l'objectif, que ce soit le salut de la main sur la plage, les promenades en ville ou la rencontre avec d'autres stars ou des hommes politiques. Et quand un instantané donne le sentiment d'avoir été pris à l'insu de la vedette, ce n'est pas tout à fait vrai, car cette dernière savait que le photographe était là. Elle n'était donc pas dupe et jouait du naturel en toute connaissance de cause.

De même pour les soirées officielles où les photographes étaient bien reconnaissables avec leurs appareils pendus sur le plastron de leur smoking. Là, l'enjeu était capital et le sourire obligatoire. À la compétition entre les films sélectionnés s'en substituait une autre, bien plus sauvage, qui avait pour but d'être plus belle que sa rivale, d'où la surenchère de robes magnifiques, de bijoux superbes et de maquillages avantageux. Malgré les bousculades de la foule d'admirateurs contenus par la police et l'hystérie de festivaliers en habit de soirée, tout désireux de toucher le mythe de la main, les stars et leur panoplie étincelante parvenaient à rester sublimes au sein de la confusion générale. Il leur fallait avoir une aura régalienne en pénétrant dans le palais du Festival. Certaines arboraient un diadème de souveraine ou l'étole d'hermine.

Ces séances ressemblaient à une suite de sacres. La sublime Ingrid Bergman, la brûlante Claudia Cardinale, l'effarante Bette Davis, l'exquise Catherine Deneuve, la piquante Jeanne Moreau, la douce Romy Schneider, l'impériale Elizabeth Taylor ou la blonde louve Monica Vitti représentaient de manière imparable cette galaxie de souveraines échappées des royaumes du septième art pour capter les lumières sur leur passage.

Aujourd'hui, la montée des marches du nouveau palais reste encore le lieu de ces jeux d'apparences et de surenchères. L'actrice y paraît en toute lucidité des enjeux que cela implique. Elle joue son rôle et montre ses beaux atours dans une même compétition parallèle. Coiffure, robe, bijoux et chevalier servant ne suffisent pourtant jamais à se faire aimer ou remarquer. L'attitude générale entre d'abord en compte, avec ses provocations douteuses ou coquines et les symbioses opérées avec la foule massée derrière les barrières métalliques.

Le principe du défilé glamour a donc remplacé la corrida des exhibitions individuelles liées à la présentation du film de la soirée, surtout que toutes les caméras de télévision enregistrent cette performance, tandis que crépitent les flashs des photographes. Le rituel est maintenant immuable. Certes, des séances de photos sont organisées après les conférences de presse et il est possible de prendre un cliché quand la vedette entre ou sort de son hôtel.

Mais la star est maintenant sous la tutelle des attachés de presse. Elle ne musarde plus sur la plage. Tout son temps est programmé sans hasard.

REFLETS DES MUTATIONS

Les photographies qui suivent sont d'abord des ricochets du temps. Elles ne nous montrent pas seulement des vedettes féminines à l'époque de leur gloire. Elles indiquent aussi l'évolution des mythologies contemporaines, des rituels et des modes tout en dévoilant les étapes qui ont conduit un festival *familial* à devenir une superproduction colossale et incontournable qui ne conserve son glamour que par la présence des actrices internationales.

Jadis, les sourires n'étaient pas toujours contrôlés, ni les gestes ou les poses. L'aspect documentaire pouvait surgir l'espace d'une seconde. Chaque comédienne avait son style propre face à l'objectif. La star hollywoodienne ne ressemblait pas à la comédienne soviétique ou à l'égérie de la Nouvelle Vague. Monstre sacré ou enfant terrible du cinéma apparaissait telle qu'en elle-même aux côtés des sex-symbols calculant la manière de se cambrer ou gonfler sa poitrine. Une étonnante diversité filtrait dans ces iconographies. C'était celle des différents cinémas, nations et conceptions du monde.

On peut éprouver de la nostalgie pour l'époque des bains de foule sur la Croisette, des gestes gentils adressés au photographe en sortant du palace ou de l'instantané magique des rencontres fortuites à la terrasse du Blue Bar, du Carlton ou de la Mère Besson.

Les femmes de l'ancien et du nouveau cinéma venaient en ces lieux sans garde du corps. Tout n'était alors pas régulé en horaires contraignants. Le photographe pouvait ainsi prouver son originalité.

Cela survécut pendant la décennie qui suivit le festival avorté de 1968. La star se promenait encore entre deux interviews.

Elle donnait des autographes et prenait la pose à la demande.

Car le Festival changeait. Les stars y étaient les auteurs découverts à la Quinzaine des réalisateurs et invités ensuite à concourir dans la compétition officielle. Au cours de cette période, les photographes se ruaient plutôt sur le footballeur Pelé, sur Johnny Hallyday ou sur les Rolling Stones passant à Cannes que sur les nouvelles vedettes féminines. Seules résistaient les incontournables Anouk Aimée, Catherine Deneuve et Jeanne Moreau. Hollywood était moins présent. Le glamour passait à l'arrière-plan.

Puis il y eut le nouveau palais et la volonté des organisateurs de réunir tout le cinéma mondial pendant le Festival, d'où l'instauration d'un cérémonial avec une concentration des vedettes d'Amérique, d'Asie, des Indes, du Sud et du Nord pour un panorama international. Elles défilent maintenant, dans un couloir protégé, sous les ovations du public, en virevoltant habilement pour satisfaire les photographes au sein de ce décor unique et balisé. Prisonnières d'un protocole immuable, elles perpétuent un seul des rituels d'autrefois : la montée des marches. Entre les cérémonies d'ouverture et de clôture, et les séances entourant les conférences de presse, les photographes y font l'essentiel de leur moisson, car le programme de ces belles les contraint à courir les plateaux de télévision. Signe des temps et des contraintes…

Cela donne quand même de belles images et révèle parfaitement la vitalité sans cesse renouvelée du septième art. Emmanuelle Béart, Monica Bellucci, Juliette Binoche, Carole Bouquet, Penelope Cruz, Catherine Deneuve, Cameron Diaz, Isabelle Huppert, Nicole Kidman, Gong Li, Chiara Mastroianni, Sharon Stone, Uma Thurman, Liv Tyler et bien d'autres stars font encore rêver d'elles. Et du festival de Cannes.

Que demander d'autre ?

Noël Simsolo

Dès les premières éditions du Festival, face aux poses figées de Michèle Morgan, Suzy Prim et Martine Carol, Madeleine Renaud et Danielle Darrieux optent pour l'attitude de vacances au soleil, loin des studios et de la récente grisaille de l'occupation allemande.

Michèle Morgan,
La Symphonie pastorale (Jean Delannoy), 1946

Madeleine Renaud, 1946

Danielle Darrieux, 1946

Suzy Prim, 1949

Martine Carol, 1947

Maurice Bessy, Olivia de Havilland et Vittorio De Sica
Simone Signoret et Robert Aldrich
Edwige Feuillère
Tilda Thamar

Renée Saint-Cyr

La présence de Rita Hayworth consacre déjà la star hollywoodienne dans son mystère fascinant. La règle du jeu s'établit. L'Amérique est souhaitée sur la Croisette. Elle y enverra ses plus belles ambassadrices.

Rita Hayworth, 1949

Danielle Darrieux,
Occupe-toi d'Amélie (Claude Autant-Lara), 1949

L'engouement pour la pin-up d'outre-atlantique met le maillot de bain à la mode. La plage devient décor d'exhibitions chastes des dames du cinéma, et aussi d'une jeune enfant retrouvant ainsi des jeux qui ne sont pas interdits.

Elizabeth Taylor, *A Place in the Sun* (George Stevens), 1951

Rhonda Fleming

Michèle Morgan

Brigitte Fossey

Le salut du bras en bord de mer n'est adressé à personne, ou plutôt il l'est à tout le monde. Par ce geste, les vedettes souhaitent une longue vie au Festival. Et la première star noire du cinéma sacrifie à ce protocole.

Elizabeth Taylor, 1950

Dorothy Dandridge,
Carmen Jones (Otto Preminger), 1955

Michèle Morgan

Mike Marshall et Annie Girardot

Esther Williams

Doris Day

Olivia de Havilland

Joan Collins

Grace Kelly,
Une fille de la province
(George Seaton), 1955

Gina Lollobrigida,
La Provinciale
(Mario Soldati), 1953

La voiture de luxe sert d'écrin aux beautés fatales d'hier, d'aujourd'hui et de demain. À l'intérieur de ces carrosses de chromes, les idoles sourient et saluent comme un chef d'État.

Greta Garbo

Leslie Caron et Mel Ferrer, *Lili* (Charles Walters), 1953

Grace Kelly et Jean-Pierre Aumont (à droite), 1955

Edwige Feuillère, Jean-Pierre Aumont et Michèle Morgan, 1954

Jacques Fayet, Marina Vlady et Roger Coggio,
Avant le déluge (André Cayatte), 1954

Les rutilants habits de soirées et d'élégantes tenues de ville se mêlent dans un protocole encore peu astreignant. Cette diversité de parures donne un reflet de fête familiale à ces parades.

Maria Felix et Charles Vanel

Les chasseurs d'autographes et les photographes ne se déplacent pas encore en meute. C'est le temps des copains. Du moins, pour le public qui en voit le reflet dans ses magazines préférés.

Susan Hayward
Kim Novak
Grace Kelly
Brigitte Bardot

Ingrid Bergman

Nicole Courcel, 1956

Diana Dors,
Yield to the Night (J. Lee Thompson), 1956

Devant des palaces, les reines et princesses de l'écran posent avec des hommes politiques en des jeux de mélanges de genres. Certaines préfèrent se montrer seules, plus désarmantes que désarmées.

Michèle Morgan, Brigitte Bardot
et François Mitterrand, 1956

Micheline Presle, 1957

Otto Preminger et Dorothy Dandridge, 1955

Martine Carol, *Le Tour du monde en quatre-vingts jours* (Michael Anderson)

Sophie Desmarets et Arletty, membre du jury, 1956

Kim Novak, 1956

Des consœurs au glamour concurrentiel affichent un sourire candide, provocateur ou mutin. C'est le temps des jalousies masquées en diplomatie élégante. Mais la rivalité demeure et les idoles vacillent.

Ginger Rogers, Susan Hayward,
Robert Favre Le Bret, Délégué général du Festival de 1952 à 1972
et Président de 1972 à 1984
avec Ingrid Bergman, 1956

Kim Novak, 1956

Maria Schell,
Rose Bernd (Wolfgang Staudte), 1957

Mylène Demongeot, 1957

Romy Schneider, *Sissi impératrice* (Ernst Marischka) et Curd Jurgens, 1957

Georges Simenon, Micheline Presle et Bella Darvi, 1957

Le Festival reflète
les métamorphoses de la
célébrité. Sissi apparaît
en civil sous le nom
de Romy Schneider,
la souple Brigitte Auber
prend date
et Marpessa Dawn
confirme que la beauté
a toutes les couleurs.

Romy Schneider, 1957
Brigitte Auber, 1957

Marpessa Dawn,
Orfeu Negro (Marcel Camus), Palme d'Or 1959

Françoise Arnoul, 1958

Raf Vallone et Jacqueline Sassard, *Guendalina* (Alberto Lattuada), 1957

Federico Fellini et Giulietta Masina, *Les Nuits de Cabiria* (F. Fellini), 1957

Grace Kelly, 1958

Cannes est l'internationale de la beauté. L'Italienne Giulietta Masina ne quitte pas son mentor Federico Fellini. Françoise Arnoul et Jacqueline Sassard semblent plus accessibles que Grace Kelly. Danielle Darrieux s'en fiche.

Danielle Darrieux, 1958

Martine Carol et Gina Lollobrigida, 1958

Gina Lollobrigida, 1958

Le sex-symbol Jayne Mansfield affole en bombant la poitrine. Vrai bain de foule et fausse discrétion mettent en valeur ses imposantes apparences...

Jayne Mansfield, 1958

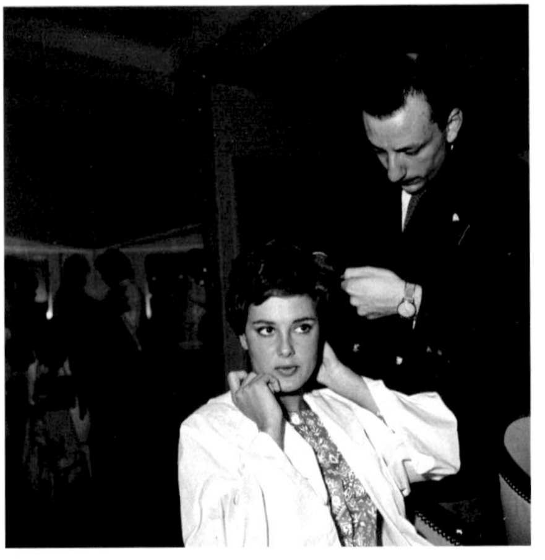

Annette Stroyberg et Roger Vadim, 1958

Rossana Podestà, 1958

Yul Brynner et Claire Bloom, *Les Frères Karamazov* (Richard Brooks), 1958

Sophia Loren, *Désir sous les ormes* (Delbert Mann), 1958

Gina Lollobrigida, 1958

Michèle Morgan, Arletty et Charles Boyer, 1958

Dans ce carnaval d'atours affolants, la Soviétique Tatiana Samoïlova émeut par sa simplicité et la débutante Juliette Mayniel se montre sublime au naturel. Un regard suffit. Leur beauté est toute entière dedans.

Lilli Palmer et Jayne Mansfield, 1958

Juliette Mayniel, 1959

Tatiana Samoïlova, *Quand passent les cigognes* (Mikhail Kalatozov), Palme d'Or 1958

Mitzi Gaynor, 1958

Simone *Casque d'or* Signoret est l'exception définitive. En couple avec Yves Montand, sur scène avec Jeanne Moreau, ou attablée avec Cary Grant, elle n'a qu'à être elle-même pour rayonner. C'est beaucoup.

Simone Signoret, *Les Chemins de la haute ville* (Jack Clayton) et Yves Montand, 1959

Jeanne Moreau
et Simone Signoret, 1959

Simone Signoret
et Cary Grant, 1959

Jeanne Moreau et Michèle Morgan

Marina Vlady et Robert Hossein

Romy et Magda Schneider, *Eva* (Rolf Thiele), 1959

Romy Schneider et Mylène Demongeot

Romy Schneider

Robert Cravenne, Elizabeth Taylor et Mike Todd, 1959

Les marches du palais de la jeune cinquième République sont maintenant le podium des belles du Festival et le baromètre de leur notoriété. Couvert de pourpre, l'escalier a le privilège nocturne des promotions du vedettariat.

Silvia Monfort, 1959
Sylvia Lopez, 1959
Andrea Parisy, 1959

Kim Novak, 1959

Sophia Loren, 1959

Mylène Demongeot, 1959

Marie Laforêt, 1959

Darryl F. Zanuck, Françoise Sagan, Juliette Greco et Orson Welles, 1959

Dawn Addams, 1959

Micheline Presle,
membre du jury, 1959

Brigitte Bardot
et Jacques Charrier, 1959

Alberto Sordi
et Sylvana Mangano, 1960

Anouk Aimée et Marcello Mastroianni,
La Dolce Vita (Federico Fellini),
Palme d'Or 1960

Sophia Loren,
La Ciociara (Vittorio De Sica), 1961

Maria Callas et Robert Favre Le Bret, 1960

La Napolitaine et déjà hollywoodienne Sophia Loren se plie avec superbe au cérémonial vespéral. Maria Callas et Magali Noël n'y jouent pas dans le même registre, et Bette Davis triomphe avec charisme sur tout le monde.

Magali Noël et Marcello Mastroianni, 1960

Bette Davis,
Qu'est-il arrivé à Baby Jane ? (Robert Aldrich), 1963

Ludmilla Tcherina,
Les Amants de Teruel
(Raymond Rouleau), 1962

Corinne Marchand,
Cléo de 5 à 7 (Agnès Varda), 1962

Perrette Pradier, 1960

Les photographes fixent la naissance d'un duo qui deviendra récurrent : Jeanne Moreau et Jean-Claude Brialy, potentiels maîtres des lieux, tandis que Natalie Wood et Warren Beatty incarnent l'image rajeunie d'Hollywood.

Jean-Claude Brialy, *Cléo de 5 à 7* (Agnès Varda)
et Jeanne Moreau, 1962

Natalie Wood et Warren Beatty, 1962

Anna Karina, *Suzanne Simonin, La Religieuse de Denis Diderot* (Jacques Rivette), 1966

Catherine Deneuve, 1966

Bette Davis, 1963

Mireille Darc, 1966

Les différentes générations sont en coexistence pacifique. Le bonheur amoureux séduit toujours le public. Il est sensible à celui du couple-phare de la Nouvelle Vague : Anna Karina et Jean-Luc Godard qui vivent leur vie.

Jean-Luc Godard et Anna Karina, 1963

Claudia Cardinale,
8 1/2 (Federico Fellini), 1963

Jayne Mansfield, 1964

Charlotte Rampling, 1965

Carroll Baker, 1965

Françoise Dorléac, *La Peau douce* (François Truffaut), 1964

Monica Vitti

Toutes les photos sont des paris sur l'avenir professionnel de ces dames et jeunes femmes. Monica Vitti, Catherine Deneuve et sa jolie sœur Françoise Dorléac entrent dans la cour des grandes. Elles y resteront.

Françoise Dorléac, 1965

Catherine Deneuve, 1965

La pulpeuse Sophia Loren et la hiératique Ursula Andress sont alors les prêtresses du rituel. Aussi brune que l'autre est blonde, elles ont chacune leur style et nourrissent bien des fantasmes chez leurs adorateurs.

Carlo Ponti et Sophia Loren, 1966

Ursula Andress, 1965

Claudine Auger, 1966

Anouk Aimée et Pierre Barouh (à droite),
Un homme et une femme (Claude Lelouch), Grand Prix International 1966

La reine de la fête est BB. On l'aime, on l'admire, on la chante. Celles qui l'imitent en sont pour leurs frais : Bardot est unique. Elle n'a qu'à apparaître pour déclencher l'émeute, si bien que le service d'ordre est à ses ordres en rêvant de bien des désordres.

Brigitte Bardot, 1967

Shirley Mac Laine, membre du jury, 1967

Vanessa Redgrave,
Isadora (Karel Reisz) et Franco Nero, 1969

Sylva Koscina, 1967

Raquel Welch, 1966

Virna Lisi, 1967

Claudia Cardinale, 1969

Après l'interruption du Festival en Mai 68, le cinéaste est devenu star, tant dans la manifestation parallèle de la Quinzaine des réalisateurs qu'en compétition officielle avec Nadine Trintignant. En conséquence, Romy Schneider escorte Luchino Visconti qui lui vole la vedette.

Jean-Louis et Nadine Trintignant, *Mon amour, mon amour* (N. Trintignant), 1967

Romy Schneider et Luchino Visconti, Président du jury, 1969

Cartier

Marlène Jobert, 1969

Candice Bergen, 1970

Liza Minnelli,
Dis-moi que tu m'aimes, Junie Moon
(Otto Preminger), 1970

Annie Girardot, *Les Feux de la Chandeleur* (Serge Korber), 1972

Stephane Audran et Jean Yanne, 1972

Elsa Martinelli, 1971

Mia Farrow, 1971

Jean Seberg, 1971

Lee Remick, *Le Magot* (Silvio Narizzano), 1971

Bernadette Lafont, 1972

Marie-José Nat, 1972

Macha Méril, *Nous ne vieillirons pas ensemble* (Maurice Pialat), 1972

Marie Dubois, *Les Arpenteurs* (Michel Soutter), 1972

Le couple Moreau-Brialy symbolise maintenant le Festival où la star Paul Newman, devenu réalisateur, accompagne sa femme et interprète Joanne Woodward.

Joanne Woodward et Paul Newman, *De l'influence des rayons gamma sur le comportement des marguerites* (P. Newman), 1972

Jeanne Moreau, *Chère Louise* (Philippe de Broca) et Jean-Claude Brialy, 1972

Claudia Cardinale, 1972

Anny Duperey, 1972

Sur le sable, c'est la raréfaction des poses provocantes ou euphoriques. La belle s'y montre sans salamalecs ou appâts dénudés. Elle se veut, en respect, l'égale des cinéastes femmes, comme Agnès Varda, que l'on vénère.

Jacqueline Bisset,
La Nuit américaine (François Truffaut), 1973

Ingrid Bergman, Présidente du Jury, 1973

Nathalie Delon, 1973

Robert Hossein et Agnès Varda, 1973

Dominique Sanda, 1973

Géraldine Chaplin, 1974

Miou-Miou, 1974

Stefania Sandrelli,
Un vrai crime d'amour (Luigi Comencini), 1974

Cyd Charisse, 1976

Sylvia Kristel, 1976

Irène Papas, 1976

Marie-France Pisier, 1976

Marthe Keller, membre du jury, 1977

Liv Ullman,
Face à face (Ingmar Bergman), 1976

Bulle Ogier, 1976

Charlotte Rampling,
Un taxi mauve (Yves Boisset), 1977

La vedette se montre humaine avant tout. Cette stratégie de proximité est même visible chez le couple sulfureux : Birkin et Gainsbourg. Ils ont l'air gentils.

Jane Birkin et Serge Gainsbourg, 1976

Shelley Duvall, *Trois Femmes* (Robert Altman), 1977

Jane Fonda, *Le Retour* (Hal Ashby), 1978

Liv Ullman, membre du jury, 1978

Farrah Fawcett, 1978

Brooke Shields, *La Petite* (Louis Malle), 1978

Sylvia Kristel, 1978

Christine Pascal pour son film *Félicité*, 1979

Ariane Mnouchkine pour son film *Molière*, 1978

Le triomphe des réalisatrices Christine Pascal et Ariane Mnouchkine s'accompagne du retour des muses. Nastassia Kinski pour Roman Polanski, Marie-France Pisier pour André Téchiné, Nicole Garcia pour Alain Resnais. Moments d'égalité pour enflammer le cinéma d'auteur...

Roman Polanski et Nastassia Kinski, 1979

Marie-France Pisier, entourée d'André Téchiné
et de Pascal Greggory, *Les Sœurs Brontë* (A. Téchiné), 1979

Alain Resnais, Nicole Garcia et Roger Pierre,
Mon oncle d'Amérique (A. Resnais), 1980

Danny Kaye et Leslie Caron, membre du jury, 1980

Glenda Jackson et Faye Dunaway, 1980

Carole Laure, *Fantastica* (Gilles Carle) entourée
de Lewis Furey et Robert Favre Le Bret, 1980

Le renouveau du cinéma s'affiche avec Carole Bouquet, Jessica Lange, Juliet Berto et Isabelle Adjani. Le glamour est revenu en ricochet par la grâce de films inquiétants et ambitieux. L'art existe à Cannes.

Werner Schroeter et Carole Bouquet,
Le Jour des idiots (W. Schroeter), 1982

Jack Nicholson, Jessica Lange et Bob Rafelson, 1982

Liza Minnelli, 1982

Sam Neill et Isabelle Adjani,
Possession (Andrzej Zulawski), 1981

Faye Dunaway, 1982

Robert Liensol, Juliet Berto et Jean-Henri Roger, *Neige* (J. Berto et J.-H. Roger), 1981

Sissy Spacek,
Missing, (Costa-Gavras), 1982

Melissa Mathison
et Steven Spielberg, *E.T l'extraterrestre*
(S. Spielberg), 1982

Hanna Schygulla, *L'Histoire de Pierra* (Marco Ferreri),
entourée de Stefania Sandrelli et Jeremy Irons, 1983

Mel Gibson et Sigourney Weaver,
L'Année de tous les dangers (Peter Weir), 1983

Isabelle Adjani,
L'Été meurtrier, 1983

Carole Bouquet, 1984

Sophie Marceau, 1983

Rien n'échappe au photographe et les stars le savent. Même si *La Pirate* est controversée, Jane Birkin sourit à côté d'un Jacques Doillon inquiet, et si *Détective,* présenté en 1985, surprend les fans de Johnny Hallyday, sa compagne Nathalie Baye affiche une sérénité bouleversante.

Laure Marsac, Maruschka Detmers, Jacques Doillon et Jane Birkin, *La Pirate* (J. Doillon), 1984

Nathalie Baye et Johnny Hallyday, 1984

Bernadette Lafont, 1985

Gérard Depardieu, Miou-Miou
et Michel Blanc, *Tenue de soirée*
(Bertrand Blier), 1986

Brigitte Fossey et Anatole Dauman, 1985

Isabelle Huppert et Dirk Bogarde, 1984

Lambert Wilson, Valérie Kaprisky et Andrzej Zulawski, 1984

Charlotte Rampling, *Max mon amour*
(Nagisa Oshima), 1986

Anouk Aimée,
Un homme et une femme : vingt ans déjà
(Claude Lelouch), 1986

Ursula Andress, 1986

Catherine Deneuve, 1987

Sandrine Bonnaire,
Sous le soleil de Satan (Maurice Pialat), 1987

Marthe Keller,
Les Yeux noirs (Nikita Mikhalkov),1987

Marie-France Pisier, 1987

Jeanne Moreau, 1987

Elizabeth Taylor, 1987

Claudia Cardinale,
Un homme amoureux
(Diane Kurys), 1987

Barbet Schroeder, Faye Dunaway et Mickey Rourke,
Barfly (B. Schroeder), 1987

Marisa Berenson et Jean-Claude Brialy, 1987

Robert Redford et Melanie Griffith,
Milagro (R. Redford), 1988

Avec le nouveau palais, la montée des marches est un spectacle vivant pour les Cannois et les téléspectateurs du monde entier. La star redevient ainsi idole. La Princesse Diana et la reine Fanny Ardant le savourent.

Princesse Diana, 1987

Fanny Ardant,
Trois Sœurs (Margarethe Von Trotta), 1988

Jean Reno, Rosanna Arquette, Luc Besson et Jean-Marc Barr,
Le Grand Bleu (L. Besson), 1988

Josiane Balasko, 1988
Maruschka Detmers, 1988
Mathilda May, 1988

Sally Field, membre du jury, 1989

Meryl Streep,
Un cri dans la nuit (Fred Schepisi), 1989

Isabella Rossellini, 1989

Jane Fonda, *Old Gringo* (Luis Penzo), 1989

Bonheur grisant de la gloire chez les femmes de cinéma qui s'offrent aux objectifs des photographes et des caméras. Cependant, Juliette Binoche se sent joliment modeste quand un géant nommé Elia Kazan pose à ses côtés.

Nastassia Kinski,
Torrents of Spring (Jerzy Skolimowski), 1989

Carole Laure, *Beau fixe sur Cormeilles* (Gilles Lacombe), 1989

Béatrice Dalle,
Chimère (Claire Devers), 1989

Juliette Binoche et Elia Kazan, 1989

Sandrine Bonnaire, Raymond Depardon,
La Captive du désert (R. Depardon), 1990

Roman Polanski et Emmanuelle Seigner, 1990

Luc Besson et Anne Parillaud, 1990

Isabella Rossellini et David Lynch,
Sailor et Lula (D. Lynch), 1990

Geena Davis, *Thelma et Louise* (Ridley Scott) et Jacques Rivette, *La Belle Noiseuse,* 1991

Valérie Mairesse, *L'Entraînement du champion avant la course* (Bernard Favre), 1991

Véronique Genest, 1990

Charlotte Gainsbourg, *Le Soleil même la nuit* (Paolo Taviani), 1990

La famille du cinéma est devenue très unie devant les rituels, comme le prouve la rencontre entre Geena Davis et Jacques Rivette. En parallèle, Jane Birkin se réjouit des débuts de sa fille Charlotte, qui est encore farouche.

Jane Birkin, *Daddy Nostalgie* (Bertrand Tavernier), 1990

Famille encore avec Géraldine Chaplin qui s'est fait un grand prénom et le couple Demy-Varda. Ils résument une certaine idée du cinéma, la même qu'incarne Isabelle Huppert avec une belle audace revendicatrice.

Géraldine Chaplin, 1991

Agnès Varda, Jacques Demy, *Jacquot de Nantes* (A. Varda) et Rosalie Varda, 1991

Isabelle Huppert, 1992

Julia Migenes, 1990

Nastassia Kinski, 1991

Geena Davis, *Thelma et Louise* (Ridley Scott), 1991

Dominique Blanc, *L'Échange* (Vincent Perez), 1992

Emmanuelle Béart et Michel Piccoli, *La Belle Noiseuse* (Jacques Rivette), 1991

Julie Delpy, 1992

Tom Cruise et Nicole Kidman,
Horizon lointain (Ron Howard), 1992

Mathieu Carrière, Isabelle Huppert
et Werner Schroeter, *Malina* (W. Schroeter), 1991

Jamie Lee Curtis, membre du jury, 1992

Sophie Marceau, 1992

Whoopi Goldberg, *The Player* (Robert Altman), 1992

Julie Andrews, 1992

Au défilé des stars, Isabelle Adjani et Lio ne résistent pas au besoin de marquer leur originalité. La coquetterie de l'une vaut bien l'humour de l'autre. Tout cela n'est pas si sérieux.

Isabelle Adjani,
Toxic Affair (Philomène Esposito), 1993

Lio, 1993

Christine Boisson, 1994
Sophie Marceau, 1994

Evelyne Bouix, 1993

Maria Schneider, Laure Duthilleul et Claire Nebout, *Au pays des Juliets* (Medhi Charef), 1992

Romane Bohringer, 1990

Valérie Lemercier, 1993

Égalité de protocole pour les vedettes. Le public choisira. La réalisatrice Pascale Ferran n'est en rien dupe des apparences. La gloire est éphémère. Les phalènes se brûlent toujours aux flammes de la notoriété.

Marthe Keller et Pascale Ferran,
Petits arrangements avec les morts (P. Ferran), 1994

Jane Campion pour son film *La Leçon de Piano,* Palme d'Or 1993

Zabou Breitman, 1994

Irène Jacob, *Trois couleurs : rouge* (Krzysztof Kieslowski), 1994

Kathleen Turner et John Waters,
Serial Mother (J. Waters), 1994

La véritable beauté n'a nul besoin de sophistication.
Juliette Binoche et Sandrine Bonnaire le montrent chacune à leur manière. Elles sont d'abord comédiennes avant d'être stars. Inutile donc d'en rajouter.

Juliette Binoche, 1994

Sandrine Bonnaire, 1995

Elle, c'est Catherine Deneuve, l'incontournable. Avec sa fille Chiara Mastroianni et son metteur en scène André Téchiné, elle n'a aucune raison d'être inquiète. Tous deux ont autant de talent qu'elle.

Daniel Auteuil, Catherine Deneuve, Chiara Mastroianni, André Téchiné, *Ma saison préférée* (A. Téchiné), 1994

Catherine Deneuve, 1994

C. Mastroianni et C. Deneuve, 1994

Rossy de Palma, 1995

Sharon Stone, *Mort ou vif* (Sam Raimi), 1995

Diane Keaton et Andie MacDowell, *Unstrung Heroes* (D. Keaton), 1995

Diane Keaton, 1995

Carole Bouquet, 1995

Catherine Deneuve,
Le Couvent (Manoel De Oliveira), 1995

Gena Rowlands, *The Neon Bible* (Terence Davies), 1995
Patricia Arquette, *Rangoon* (John Boorman), 1995
Nicole Kidman, *Prête à tout* (Gus Van Sant), 1995
Bernadette Lafont, 1995

Fanny Ardant, *Ridicule* (Patrice Leconte), 1996

Kristin Scott Thomas, *Angels and Insects* (Philipe Haas), 1995

Isabelle Adjani et Patrice Chéreau,
La Reine Margot (P. Chéreau), 1994

Nathalie Baye, membre du jury, 1996

Sharon Stone,
Mort ou vif (Sam Raimi), 1995

Bernardo Bertolucci et Liv Tyler,
Beauté volée (B. Bertolucci), 1996

Liv Tyler, 1996

Gong Li, *Shanghai Triad* (Zhang Yimou), 1995

Patricia Arquette et Rosanna Arquette, pour *Flirting with Desaster* (David O. Russel) et *Crash* (David Cronenberg), 1996

Naomi Campbell, 1996

Au tourbillon des beautés régnant dans le septième art viennent se greffer les fauves du people, mais qui penserait à se plaindre de la présence de la gazelle Naomi Campbell dans ce cortège de femmes sublimes ?

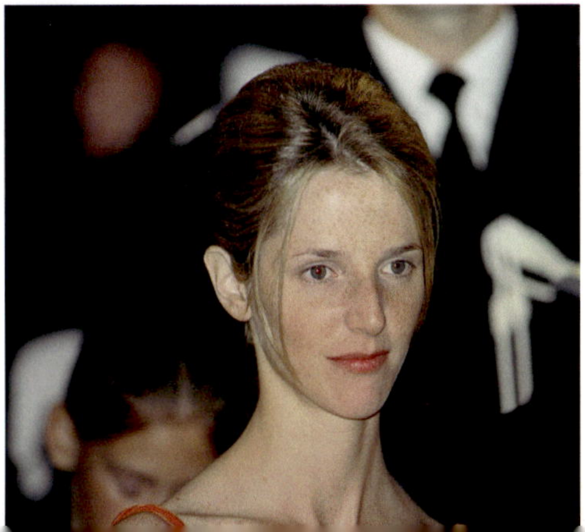

Valeria Bruni-Tedeschi,
La Seconda Volta (Mimmo Calopresti), 1996

Marie Gillain, *Les Affinités électives*
(Paolo et Vittorio Taviani), 1996

Sandrine Kiberlain,
Un héros très discret (Jacques Audiard), 1996

Sophie Marceau pour son film *L'Aube à l'envers*, 1995

Nicole Kidman, *Prête à tout* (Gus Van Sant), 1995

Michèle Morgan, 1996

Macha Méril, Anna Karina
et Alexandra Stewart, 1997

Le cinéma a eu cent ans. Et elles sont toutes là. Des premières vedettes du début du Festival aux grandes stars du moment, en passant par les égéries de la Nouvelle Vague. L'éternité leur appartient dans les cinémathèques.

Sandrine Bonnaire et Emmanuelle Béart, 1997

Elsa Zylberstein, 1997
Liv Ullman, 1997
Michèle Laroque, 1997
Charlotte de Turckheim, 1996

Greta Scacchi,
Le Baiser du serpent (Philippe Rousselot), 1997

Charlton Heston, Kate Winslet et Kenneth Branagh,
Hamlet (K. Branagh), 1997

Catherine Deneuve, 1997

Lauren Bacall, 1997

Emmanuelle Seigner, *Nirvana* (Danny Pang), 1997

Sabine Azéma, 1997

Anjelica Huston, 1997

Bruce Willis et Demi Moore, 1997

Isabelle Adjani résiste à ses rivales, mais un mythe nouveau gagne de plus en plus de terrain : Monica Bellucci, preuve que les divas italiennes existent toujours pour le plus grand plaisir du public.

Isabelle Adjani, Présidente du jury, 1997

Monica Bellucci, 1997

Anouk Aimée, 1997

Emily Watson, 1997

Sophie Duez, 1997

Elodie Bouchez, 1997

Irène Jacob, 1997

Emmanuelle Seigner et Christophe Lambert,
Nirvana (Danny Pang), 1997

Mary Sweeney et David Lynch,
Une histoire vraie (D. Lynch), 1999

Dominique Blanc, membre du jury,
et Jane Birkin, 1999

Rupert Everett et Cate Blanchett,
Un mari idéal (Oliver Parker), 1999

Julie Delpy, 1998
Brooke Shields, 1998
Fanny Ardant, 1997
Emma de Caunes, 1998

Sigourney Weaver, membre du jury, 1998

Agnès Jaoui, 1998

Catherine Jacob, 1998

Jennifer Lopez, 1998

Isabelle Huppert,
L'École de la chair (Benoît Jacquot), 1998

Isabelle Carré, 1998

Chiara Mastroianni, membre du jury, 1998

Laëtitia Casta, 1998

Christian Clavier, Laëtitia Casta et Gérard Depardieu, 1998

Tendresse du fils Demy, tout gentil cavalier de Virginie Ledoyen, et assurance de Carole Bouquet, au bras de Depardieu, voici comment le couple affronte ceux qui l'admirent. Avec une pudeur distante.

Virginie Ledoyen et Mathieu Demy, 1998

Carole Bouquet et Gérard Depardieu, 1998

Sophie Marceau, 1999

Emilie Dequenne, *Rosetta*
(Luc et Jean-Pierre Dardenne), Palme d'Or 1999

Julianne Moore,
Un mari idéal (Oliver Parker), 1999

Winona Ryder, membre du jury, 1998

Holly Hunter, membre du jury, 1999

Susan Sarandon,
Cradle Will Rock (Tim Robbins), 1999

Salma Hayek,
Pas de lettre pour le colonel (Arturo Ripstein), 1999

L'an 2000 offre des stars qui surprennent par leur singularité. Fausse ingénue ou lys blond inquiétant, elles bousculent les conventions, comme le fait la chanteuse Björk sous ses faux airs de poupées de la belle époque.

Calista Flockhart,
Ce que je sais d'elle... d'un simple regard (Rodrigo Garcia), 2000

Uma Thurman,
La Coupe d'or (James Ivory) et *Vatel* (Roland Joffe), 2000

Björk, *Dancer in the Dark* (Lars Von Trier), Palme d'Or 2000

Björk et Catherine Deneuve, 2000

Au milieu de ces femmes-fleurs vaporeuses, la beauté naturelle de la jeune Iranienne Samira Makhmalbaf tranche. Que l'on ne s'y trompe pas. Elle n'est pas comédienne, mais réalisatrice.

Michelle Yeoh et Zhang Ziyi, *Tigre et Dragon* (Ang Lee), 2000

Samira Makhmalbaf présente son film *Le Tableau noir*, 2000

Milla Jovovich, 2000

Charlotte Gainsbourg et Yvan Attal, 2000

Anna Thompson, 2000

Charlize Theron et James Caan, *The Yards* (James Gray), 2000

Liv Ullmann pour son film *Infidèle*, 2000

Julie Gayet, 2001

Jodie Foster, 2001

Arielle Dombasle,
Les Âmes fortes (Raul Ruiz), 2001

Le naturel mutin de Laura Helena Harring ou d'Audrey Tautou et la dignité aimable de Laura Morante filtrent la même joie d'être à Cannes que celle exprimée sans honte par Lou Doillon dans les bras de son père. Après tout, c'est la fête.

Laura Helena Harring, *Mulholland Drive* (David Lynch), 2001

Laura Morante, *La Chambre du fils* (Nanni Moretti), Palme d'Or 2001

Audrey Tautou, 2001

Jacques Doillon, Lou Doillon et Guillaume Saurrel, *Carrément à l'ouest* (J. Doillon), 2001

Karin Viard, 2002

Aurore Clément, 2002

Jean-Pierre Daroussin, Robert Guédiguian,
Ariane Ascaride et Gérard Meylan,
Marie-Jo et ses deux amours (R. Guédiguian), 2002

Nicole Garcia pour son film *L'Adversaire*, 2002

La charismatique Monica Bellucci a ressuscité les délires qui entouraient jadis Lollobrigida, Loren et Cardinale. La *bella ragazza* cristallise ainsi le cinéma d'hier et de demain. Le public et les photographes aiment les mythologies.

Monica Bellucci,
Irréversible (Gaspar Noé), 2002

Patricia Arquette, Rosanna Arquette (pour son film *Rechercher Debra Winger*) et Sharon Stone, membre du jury, 2002

Andie MacDowell, 2002

Melanie Griffith et Antonio Banderas, 2002

Jeanne Balibar,
Dix-sept fois Cécile Cassard (Christophe Honoré), 2002

Miranda Richardson
Spider (David Cronenberg), 2002

Connie Nielsen,
Demonlover (Olivier Assayas), 2002

Juliette Binoche, 2003

Sandra Bullock, 2003

Sharon Stone, membre du jury, 2002

Cameron Diaz, 2002

Laëtitia Casta, 2003

Julie Gayet, 2003

Ornella Muti, Judith Godrèche, Monica Bellucci
et Géraldine Chaplin, 2003

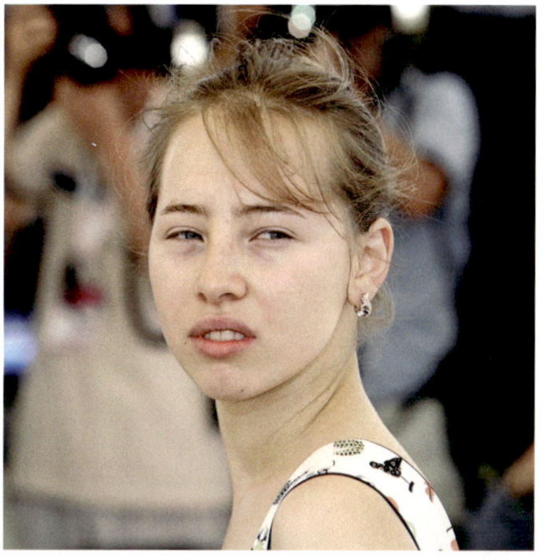

Ludivine Sagnier et Charlotte Rampling,
Swimming Pool (François Ozon), 2003

Isild Le Besco, *À tout de suite* (Benoît Jacquot), 2004

Cécile de France, 2003

Géraldine Pailhas, 2003

Penelope Cruz,
Fanfan la Tulipe (Gérard Krawczyk), 2003

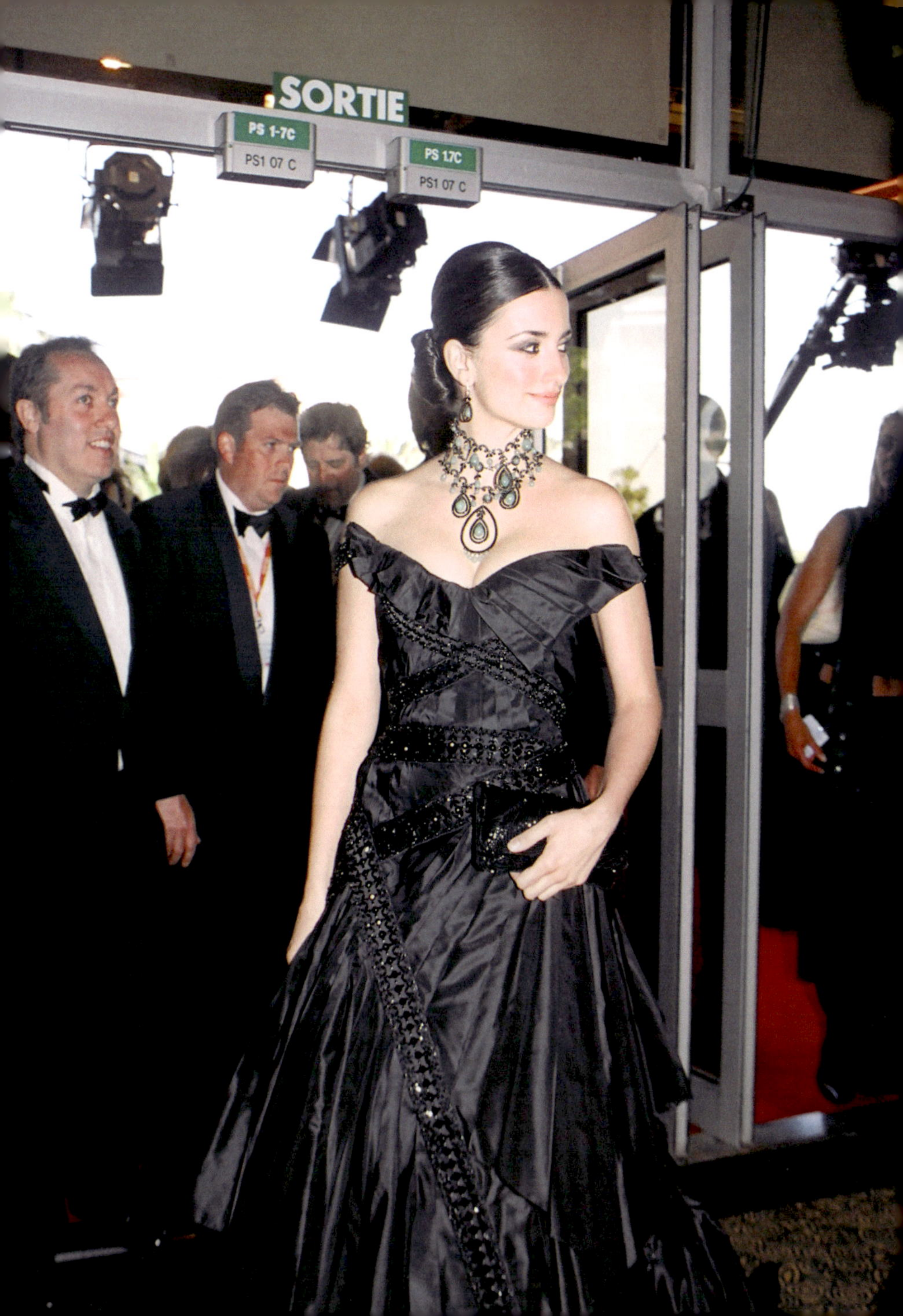
SORTIE
PS 1-7C
PS1 07 C
PS 1.7C
PS1 07 C

Les célébrités provisoires ont besoin de la montée des marches. Miss France Sonia Rolland deviendra peut-être une star. Elle en a l'allure. Mais attention, la beauté ne suffit pas pour jouer la comédie.

Sonia Rolland, 2002

Zhang Ziyi et Liu Ye, *Purple Butterfly* (Ye Lou), 2003

Aishwarya Rai, 2003

Sami Bouajila et Anna Mouglalis, *En jouant "Dans la compagnie des hommes"* (Arnaud Desplechin), 2003

Marisa Paredes, membre du jury courts métrages, 2004

Laura Linney, *Mystic River* (Clint Eastwood), 2003

Patrice Chéreau et Meg Ryan, membres du jury, 2003

Marion Cotillard, 2004
Valeria Bruni-Tedeschi, 2004

Maggie Cheung, *Clean* (Olivier Assayas), 2004

Kelly Chen, *Breaking News* (Johnnie To), 2004

Salma Hayek, membre du jury, 2005
Emmanuelle Béart, membre du jury, 2004
Ornella Muti, 2003

Plus personne ne boude le Festival. C'est le rendez-vous obligatoire. Toutes les stars d'Hollywood y viennent sans se faire prier. Et l'impératrice Jeanne Moreau en continue la présidence occulte sans perdre son sourire.

Quentin Tarantino et Uma Thurman,
Kill Bill vol. 2 (Q. Tarantino), 2004

Emmanuel Salinger et Maria Medeiros, 2004

Brad Pitt et Jennifer Aniston, 2004

Scarlett Johansson et Woody Allen,
Match Point (W. Allen), 2005

Orlando Bloom et Diane Kruger,
Troie (Wolfgang Petersen), 2004

Michel Piccoli pour son film
C'est pas tout à fait la vie dont j'avais rêvé
et Jeanne Moreau, *Le Temps qui reste* (François Ozon), 2005

Angelina Jolie, 2004
Victoria Abril, 2005

Maria Bello,
A History of Violence (David Cronenberg), 2005

Anna Mouglalis, Zhang Ziyi
et Milla Jovovich, 2005

Charlotte Gainsbourg et Charlotte Rampling,
Lemming (Dominik Moll), 2005

Asia Argento, *Cindy, the Doll is Mine* (Bertrand Bonello) et *Last Days* (Gus Van Sant), 2005

Diane Kruger, 2005

Sylvie Testud, membre du jury courts métrages, 2005

Eva Longoria, 2005

Paz Vega, 2005

Natalie Portman, *Free Zone* (Amos Gitaï), 2005

Sam Shepard, Sarah Polley et Wim Wenders, *Don't Come Knocking* (W. Wenders), 2005

Le mariage du cinéma d'auteur et du film grand public réussit à Pedro Almodóvar qui rayonne de satisfaction en posant avec Penelope Cruz. Qui ne deviendrait pas cinéaste pour lui voler ce privilège ?

Pedro Almodóvar et Penelope Cruz, 2006

Carmen Maura, Pedro Almodóvar et Penelope Cruz,
Volver (P. Almodóvar), 2006

Soixante ans de fêtes n'ont pas lassé les stars. Au contraire. Elles virevoltent avec charme et veulent tourner des films pour que les usines de rêves ne fassent jamais faillite. Qui peut se passer de cinéma…
et de jolies femmes ?

Nathalie Baye, 2006

Sandrine Bonnaire, membre du jury courts métrages, 2006

Sharon Stone, 2006

Michael Haneke, Isabelle Huppert et Patrice Chéreau,
Le Temps du loup (M. Haneke), 2003

Nicole Kidman,
Dogville (Lars Von Trier), 2003

Sofia Coppola et Kirsten Dunst,
Marie Antoinette (S. Coppola), 2006

Halle Berry et Famke Janssen,
X-Men : l'affrontement final (Brett Ratner), 2006

Michelle Yeoh, 2006

Zhang Ziyi, membre du jury, 2006

Mélanie Laurent, 2003

Mélanie Doutey, 2006

Jasmine Trinca, *Le Caïman* (Nanni Moretti), 2006

Mélanie Thierry, 2005

Chaque défilé annuel des marches nous montre les jeunes générations. Blondes ou brunes, elles sont prêtes à investir le cinéma pour le rendre éternel. Tant qu'il y aura des femmes, le septième art vivra.

Laura Smet, 2006

Aïssa Maïga, *Bamako* (Abderrahmane Sissako), 2006

CANNES
ILS & elles
ONT FAIT LE FESTIVAL

CANNES ILS & elles ONT FAIT LE FESTIVAL

PHOTOS
TRAVERSO

TEXTES
ELISABETH QUIN & NOËL SIMSOLO

CAHIERS DU CINÉMA

À Andrée, Angélique et Alice

La collection Traverso
Depuis ses débuts jusqu'à aujourd'hui, toutes les années du festival de Cannes ont été immortalisées par les Traverso : une collection unique qui compte plus de 150 000 clichés, tous argentiques.

Dans les légendes, le lecteur retrouvera à côté des noms, des titres de films que les vedettes et cinéastes sont venus présenter.

1	2
3	4

Les pages à quatre images se lisent de gauche à droite et de haut en bas

Editorial : Claudine Paquot assistée de Alexia Renard
Conception graphique : Paul-Raymond Cohen, Clémentine Hède
Documentation : Laurie Gossein
Fabrication : Claude Morin assisté de Geoffroy Lindenmeyer
Merci à Catherine Fröchen pour sa précieuse relecture

9, passage de La Boule blanche, 75012 Paris
www.cahiersducinema.com

ISBN 978-2-86642-471-8

Photogravure : Fotimprim, Paris
Impression : Graphicom, Vérone
Dépôt légal : 2e timestre 2007
Printed in Italy

DEUX OU TROIS CHOSES QUE JE SAIS D'EUX...

Les stars du festival de Cannes sont les actrices, c'est entendu. Elles mettent le feu aux poudres, éblouissent, obsèdent. Elles sont incompréhensibles : à la fois incarnées et irréelles, *bigger than life*, inépuisables et mystérieuses. Quelle est leur essence ? « The stuff that dreams are made of », la matière même du rêve... Cependant, disons le haut et fort : les héros du Festival, ce sont les hommes. Les acteurs, car ils acceptent d'être les seconds dans ce phénomène d'idolâtrie, et les réalisateurs, car, sans eux, sans leur courage, leur *vista*, leur folie et leurs batailles contre l'adversité, ou leurs propres démons (nous pensons très fort à Francis Ford Coppola, Orson Welles, John Huston, Roman Polanski, Patrice Chéreau, Charlie Chaplin, en écrivant ces lignes) il n'y aurait ni actrices, ni acteurs sur la Croisette, ni films, ni festival de Cannes et ce livre serait un envol de pages blanches.

Acteurs, réalisateurs. Icônes, artisans du cinéma, artistes, artificiers, visages du passé et du présent que nous chérissons.

Hommes qui firent le festival de Cannes.

Deux ou trois choses que je sais d'eux...

L'ÂGE D'OR

Il était une fois l'âge d'or. C'était quelques années après la fin de la guerre, au siècle dernier, mon enfant. Le besoin de beauté, de rêve, de dialogue entre les peuples était vital. Le cinéma permettait cela. Le festival de Cannes, ouvert en 1946 mais inventé en 1939 par un fonctionnaire français, Philippe Erlanger, pour concurrencer la Biennale de Venise alors inféodée au fascisme, c'était un peu l'ONU des rêveurs, une Société des Nations de celluloïd. Chaque printemps, le temps d'une parenthèse enchantée de quelques jours, les plus grands acteurs du monde descendaient de leur empyrée, comme Tom Baxter descendit de l'écran dans *La Rose pourpre du Caire*, le film de Woody Allen. Ils se mêlaient aux habitants de cette petite ville de la Riviera que célébra Scott Fitzgerald dans *Tendre est la nuit*, un titre de roman qui résume bien le programme de l'époque. Ces acteurs, principalement français et américains, étaient encore des hommes libres. Ils n'avaient ni agents, ni attachés de presse, ni publicistes plus stars que leurs clients, ni gardes du corps, ni assistants personnels paranoïaques.

Beaux comme des dieux, ces hommes souriaient à leurs adorateurs, qui les respectaient en retour. Leurs sourires étaient exempts de crispation, lavés de toute fatigue, ils avaient la fraîcheur de l'aube, même le soir, et reflétaient leur plaisir d'être si gentiment adulés. C'est durant cet âge

d'or que les photographes du Festival inventèrent leur métier, et le glamour. Les historiens de l'instant saisissaient les acteurs sur le vif, et l'on pouvait encore parler de relations de confiance. On voyait les acteurs déambuler suavement le long de la Croisette, descendre d'un train de nuit sans lunettes noires, dîner en terrasse à la Réserve Montana de La Napoule ou au Palm Beach, marcher pieds nus dans le sable, danser, faire les pitres ou flirter avec des jeunes starlettes au son d'une sérénade improvisée. Ils ne se cachaient pas, ils étaient naturels devant l'objectif, ils étaient dans l'enfance de l'art. Le septième, et celui de vivre. Ils n'avaient pas peur les uns des autres. Regardez-les, observez l'attitude des acteurs et des réalisateurs jusqu'au milieu des années soixante. Alain Delon, Harold Lloyd, Pierre Brasseur, Gene Kelly, Gregory Peck, Orson Welles... Tous jouaient le jeu gratuit du plaisir partagé.

Et puis le Festival a grandi, les médias se sont démultipliés, les affaires ont grossi, l'art forain est devenu industrie capitalistique, et les « enjeux » économiques ont remplacé les jeux sans calcul. En 1983, les photographes du Festival ont symboliquement déposé leurs appareils sur les marches du nouveau palais du Festival, le « Bunker ». Surnom plein d'à-propos pour ce lieu où se déroule désormais une guerre autour des images. Les acteurs et les réalisateurs sont devenus méfiants, ils se protègent, leurs sourires se déclenchent sur commande, ils ne sont plus là pour jouer mais pour promotionner. Et le champ d'action des photographes s'est réduit à une peau de chagrin. Tapis rouge en meute derrière des cordons, *photo-call* minuté, circulez, il n'y a rien à voir qui ne soit programmé à l'avance...

La nostalgie est une fixation de vieux gâteux, mon enfant, je vous l'accorde. Et la nostalgie de ce que l'on n'a pas connu une maladie encore plus étrange. Pour la soigner, je ne connais qu'un remède : contempler encore et encore ces photos qui témoignent du temps miroitant et révolu de l'innocence. Et guetter sur les visages des acteurs d'aujourd'hui l'éclat qui ne trompe pas, l'étincelle trahissant l'émotion de se trouver à l'épicentre du monde. Soixante ans après sa naissance et malgré toutes ses mutations, le festival de Cannes est le coeur battant du cinéma.

LES MAUVAIS GARÇONS

Robert Mitchum a été le premier mauvais garçon historique du Festival. Son *close-contact* avec Simone Silva, une starlette pneumatique, fut opportunément mitraillé sur une plage cannoise en 1954, par une nuée de photographes. La photo fit le tour du monde et amena les ligues de vertu américaines à exiger le boycott de l'acteur, déjà célèbre pour ses cuites, son goût pour la fumette, et son caractère de cochon, ainsi que son renvoi du Festival ! En fait de boycott, Robert le Diable vit sa cote de popularité monter au zénith !

D'autres affreux jojos charismatiques l'ont suivi sur la voie du mini-scandale, nourrissant la légende d'un Festival à sang chaud. Peter Fonda, Dennis Hopper, Jack Nicholson, mais aussi Fassbinder et ses camarades berlinois, ou Elliott Gould et Donald Sutherland... Aujourd'hui, le Festival est un village global du cinéma où chaque seconde compte, où les fêtes relèvent du

marketing, et non plus de la convivialité pure. Les *bad boys* sont la preuve par l'excès de testostérone et par un je-m'en-foutisme dandy-destroy que le cinéma est encore humain. Sans Mickey Rourke, Sean Penn, Bruce Willis, Harvey Keitel, Richard Bohringer, Gaspard Noé, Vincent Gallo, Benicio del Toro, Robert Downey Jr., Benoit Poelvoorde, Aki Kaurismaki, Abel Ferrara, ou encore Emir Kusturica et son gang de musiciens hydropathes balkaniques, le *No Smoking Orchestra*, le Festival serait sage comme une image lisse, trompeur comme une photo publicitaire.

BÊTES DE MODE...

Les actrices sont les providentielles ambassadrices des couturiers, il suffit de se souvenir des robes couleur de gloire créées par Christian Dior, Yves Saint-Laurent, Valentino, John Galliano, Jean-Paul Gaultier... À Cannes, elles ont la mode à leurs pieds.

Sur les stars masculines, la mode tient lieu de marqueur sociologique. La veste en velours lisse de Jacques Dutronc en 1973, la chemisette moule-pectoraux de Roman Polanski en 1976, Kirk Douglas et son look viking-tombé-du-Drakkar-en-chemise-col-pelle-à-tarte-et-rouflaquettes-hyperpileuses (1970), l'attirail rock'n'roll de Mickey Rourke (2005), les lunettes de soleil « swinging London » de Michael Caine (1965) signent des moments de civilisation. Hormis le dandy Jean Cocteau qui osait la veste longue quadrillée en 1954, et Jean Marais, lançant la mode « vêtement en peau de peau » et le smoking brillant comme sa bonne étoile, les hommes photographiés tout au long de ces pages ne connaissent pas grand-chose à la mode, mais celle-ci en dit long sur eux. La mode masculine cannoise a aussi valeur d'indice géographique, de signature nationale : bolo-tie du mexicain Roberto Rodriguez, veste chinoise pour le taïwanais Tsai Ming-liang. Ou de symbole insurectionnel : Truffaut en chemise, les manches retroussées en Mai 68, et les joyeux bikers d'*Easy Rider*, qui, un an plus tard, n'ont pas jeté la veste aux orties par hasard. Mais il est arrivé aussi qu'un simple accessoire de mode devienne un symbole de gratitude envers l'exception culturelle que représente le festival de Cannes : le béret basque porté par Groucho Marx restera le merveilleux hommage d'une tête géniale à la France.

REGARDE LES HOMMES GROUPÉS

Il y a les solitaires, qui s'offrent un bain de foule, une caresse d'amour, un rush de gloire rien que pour eux. Fabrice Lucchini, Lambert Wilson, Willem Dafoe, Coluche, seuls, pour un instant d'éternité face à l'objectif. Et puis il y a les bandes. Les équipes de film. Les collaborateurs. Qui disent « restons groupés ». Solidaires. Mousquetaires. Nous ne sommes rien les uns sans les autres. Leur film connaîtra un triomphe ou un accueil poli, ils seront les héros du Festival ou les pestiférés qu'on n'ose à peine venir saluer, encore moins consoler. Mais ils vivent l'aventure ensemble. Claude Berri, Michel Simon et Alain Cohen, Matthieu Kassovitz et les acteurs de *La Haine*, Gus Van Sant et ceux d'*Elephant*, Sergio Leone aux côtés de James Woods et de Robert de Niro, la bande euphorique de *Western*, celle d'Arnaud Depleschin, les « Indigènes », soudés et orgueilleux, le trio

de *Las Vegas Parano*, et celui de *Dead Man*, avec Johnny Depp en dénominateur commun d'une cinéphilie qui ne pourrait exister sans amitié, Amos Gitaï et ses hommes, le gang de *Usual Suspects*... Le terme galvaudé « famille de cinéma » prend tout son sens. La filiation rode. C'est un réalisateur et ses jeunes acteurs qu'il protège comme un père, ce sont des frères ennemis, ou inséparables.

Ils sont beaux, forts de leur appartenance à cette famille éphémère, et émouvants, car après le Festival, et le partage, ils redeviendront orphelins. À la recherche d'un autre lien...

VRAIS ET FAUX COUPLES DE CINÉMA

Sacha Guitry disait « Les spectateurs sont jaloux des comédiens parce qu'ils s'imaginent que les comédiens couchent avec les comédiennes, ce qui est rigoureusement exact. » Ses films n'ont jamais été présentés au festival de Cannes, mais il dirigea au cinéma quatre de ses épouses ! Le réalisateur de *Assassins et Voleurs*, lui-même comédien, avait de bonnes raisons d'être jalousé.

Au festival de Cannes, le couple constitué par un réalisateur et une actrice, « vrai » couple à la ville, représente l'alpha et l'oméga de la magie du cinéma. Le regard fasciné d'un homme sur la peau d'une femme, ainsi ont commencé les plus mémorables histoires de cinéma... Adoration, envie de voir, de dévisager, enquête autour du mystère inépuisable d'un visage, d'un corps, attraction, sublimation sexuelle, transactions secrètes et indicibles... Ton abandon contre une oeuvre d'art. Parmi les couples photographiés à Cannes, Ingrid Bergman et Roberto Rossellini, Monica Vitti et Michelangelo Antonioni, Sabine Azéma et Alain Resnais, Melina Mercouri et Jules Dassin, Solveig Dommartin et Wim Wenders sont bouleversants. Un fluide circule entre eux, qui les relie et les isole imperceptiblement du reste du monde. Ils savent, les amoureux alchimistes, qu'ils fabriquent de l'immortalité.

Plus complexes sont les couples professionnels tels Alfred Hitchcock et Tippi Heddren. Le « passage à l'acte cinématographique » dont parlait le critique Alain Bergala et qui s'applique si bien au cinéma d'Hitchcock, suppose que le réalisateur ressente un violent désir pour son actrice mais obéisse à l'Interdit. *Noli me tangere*... On manipule jusqu'à la torture, mais on ne touche pas. La photo du couple venu présenter en avant-première mondiale *Les Oiseaux* est extraordinaire, car sous le glacis de l'élégance, on décèle la fureur posssessive du réalisateur, et un trouble chez Tippi Heddren, peut-être même un délectable masochisme...

« CANNES NOT »

Le vertige que procure la juxtaposition des visages de Gary Cooper, Cary Grant, Marcello Mastroianni, Jack Nicholson, Patrick Dewaere, Al Pacino, Sergio Leone, Akira Kurosawa, Jean Marais, Burt Lancaster, Warren Beatty, Alain Delon ou Robert Mitchum ne peut faire oublier ceux, acteurs et réalisateurs, dont l'absence palpite dans ces pages et se signale à notre envie d'adorer. *Horror... Horror*... Où est l'ogre démentiel au crâne luisant entr'aperçu dans les ténébres d'une jungle

apocalyptique, en 1979 ? Ou est l'Acteur Absolu, Marlon Brando ? Pas vu, pas pris dans l'objectif des Traverso, ni d'aucun autre photographe. Brando n'est jamais venu à Cannes, seuls ses personnages l'ont représenté, d'Emiliano Zapata au Colonel Kurz. Il manque dans cette ronde. Et James Dean ? Il aurait pu faire venir par bateau sa Porsche « Little bastard » et la conduire sur les routes de l'arrière-pays cannois, celles que Hitchcock filma dans *La Main au collet*... On imagine la gueule d'ange de *La Fureur de vivre* en jean et tee-shirt, embrassant une Miss Côte d'Azur violette comme une timide, devant le Palais des Festivals. John Cassavettes, d'origine grecque, aurait bu de l'ouzo avec Melina Mercouri et Jules Dassin, cassé des verres en rugissant de rire, et communié avec Dassin dans la passion des maelströms émotionnels. Humphrey Bogart aurait coulé son regard ironique vers un photographe pétrifié d'admiration, et demandé du feu, « Swell, my boy, got a light ? » avec son sourire de bon chien. Montgomery Clift, Frank Sinatra, Bruce Lee ne sont pas venus. Billy Wilder, James Stewart, Klaus Kinski restent invisibles, et c'est peut-être mieux ainsi. Cette impossible exhaustivité aiguillonne notre amour et, par-dessus tout, notre imaginaire. Que nous ayons ou non les preuves photographiques de leur présence à Cannes, ils figurent au générique d'un film de rêve.

Elisabeth Quin

Avant Cannes, c'est déjà Cannes... Le cinéma parlant a sept ans, l'âge de raison, et le Festival du Film est encore dans les limbes, mais les sortilèges de la Riviera, le soleil et le casino attirent les vedettes françaises. L'acteur Jules Berry flambe, entre deux scènes de *L'Inconnue de Monte-Carlo*...

...et Charles Trenet qui vient de faire ses débuts enchantés au cinéma dans *Je chante*, fait Boum. « Boum, quand notre cœur fait Boum / Tout avec lui dit Boum / Et c'est l'amour qui s'éveille. / Boum. »

Jules Berry, 1938

Charles Trenet, 1938

... L'arrivée de Louis Lumière en gare de Cannes est immortalisée par Auguste Traverso le 5 septembre 1939. Hélas, l'inventeur du cinématographe sera le président d'honneur d'un Festival fantôme : la guerre se profile à l'horizon, rendez-vous en 1946...

Louis Lumière et le Maire de Cannes, 1939

Marcel Pagnol, Jean Cocteau et Jacqueline Pagnol, 1939

Michel Simon, 1939

L'acteur Henri Vidal pose avec une radieuse nonchalance. Il est surnommé « L'Apollon de l'année » par les reporters qui couvrent la première édition.

Gérard Philipe, 1946

Jean Cocteau pour son film *La Belle et la bête*, 1946

Serge Reggiani, 1946

Henri Vidal, 1946

Un royaume dévolu au divertissement de ses heureux sujets se doit d'avoir un palais. Maurice Chevalier mène la parade des vedettes en l'honneur du nouveau Palais des Festivals, sur la Croisette.

Tyrone Power
et Jean-Pierre Aumont

Maurice Chevalier

Maurice Chevalier

Un Américain à Cannes ! Charme absolu, et autodérision : « Habillez-moi d'un smoking comme Fred Astaire, je ressemblerai toujours à un chauffeur de taxi. » C'est une année glorieuse pour Gene Kelly, qui a aussi tourné dans *Singin' in the rain*

Gérard Philipe, *Juliette ou la clé des songes* (Marcel Carné) et sa femme Anne, 1951

Jean Cocteau (pour son film *Colette*), Anne Vernon et Jacques Becker, *Édouard et Caroline* (J. Becker), 1951

Philippe Erlanger, Délégué général du Festival de 1939 à 1951 (à droite), 1954

Gene Kelly,
Un Américain à Paris (Vincente Minnelli), 1952

Les acteurs étrangers viennent mesurer leur popularité au festival de Cannes. « Coop », l'acteur aux vingt westerns, l'idole de Hemingway et de la moitié féminine de l'humanité, bat tout le monde au « glamouromètre ».

Gary Cooper et Errol Flynn, 1953

Charles Chaplin, 1953

Vittorio De Sica pour son film *Gare Terminus*, 1953

Orson Welles, 1953

Gary Cooper, 1953

Les représentants de la délégation américaine ont fustigé la présentation du *Salaire de la peur*, à cause de la présence de « l'acteur communiste » Yves Montand. Lequel n'a pas l'air bouleversé, bien au contraire...

Yves Montand, *Le Salaire de la peur* (Henri-Georges Clouzot), 1953

Michèle Morgan, Henri Vidal et Gaby Morlay

Oona Chaplin (au centre) et Charles Chaplin

Cannes, c'est aussi le bonheur de se retrouver entre contrebandiers en poésie, en féérie, en subversion. Buñuel et Cocteau se connaissent depuis 1930, l'année où le mécène Charles de Noailles leur commanda des films d'art, *L'Âge d'or* et *Le Sang d'un poète*.

Gina Lollobrigida,
Le Grand Jeu (Robert Siodmak),
et son mari Milko Skofic, 1954

Luis Buñuel, membre du jury,
et Jean Cocteau,
Président du jury, 1954

Le regard de Mitchum sur Morgan, un regard paradoxal, translucide et opaque : est-il goguenard ou ému ? Mitchum fut le premier *bad boy* du Festival. Il aimait dire : « La différence entre moi et les autres acteurs c'est que j'ai passé plus de temps qu'eux en prison. »

Michèle Morgan et Robert Mitchum, 1954

Le festival de Cannes est aussi la vitrine des passions amoureuses qu'il fait naître et abrite. Ingrid Bergman avoue avoir aimé Roberto Rossellini en voyant *Rome ville ouverte* et *Païsa*. Ils rayonnent aux yeux de Cannes, et donc aux yeux du monde.

Ingrid Bergman et Roberto Rossellini, 1956

Marcel Pagnol, Président du jury, Françoise Arnoul, Jacqueline Pagnol et Jean Renoir, 1955

Eddie Constantine
et Jean-Pierre Aumont, 1955

Jean Gabin, Françoise Arnoul
et Charles Vanel, 1955

Les gardes du corps et les lunettes noires, c'était de la science-fiction, en 1956, à Cannes. Les vedettes se prêtaient de bonne grâce à leur public. Il y avait encore quelque chose qui n'avait pas de prix : l'innocence...

Danny Kaye

Daniel Gélin

Fernandel

Vittorio De Sica pour ses films
Parabole d'or et *Le Toit*, 1956

Daniel Gélin, *L'Homme qui en savait trop* (Alfred Hitchcock), et Brigitte Bardot, 1956

Henri-Georges Clouzot pour son film
Le Mystère Picasso
et Susan Hayward,
Une femme en enfer (Daniel Mann), 1956

Kim Novak et Otto Preminger, membre du jury, 1956

Amedeo Nazzari, Giulietta Masina
et Federico Fellini, 1957

Romy Schneider, Karlheinz Böhm et Magda Schneider,
Sissi impératrice (Ernst Marischka), 1957

Henry Fonda, 1957

Giulietta Masina et Federico Fellini,
Les Nuits de Cabiria (F. Fellini), 1957

Mike Todd
et Elizabeth Taylor, 1957

Le nouveau venu du cinéma français prend la pose au bord de l'eau. Que cherche-t-il, que regarde-t-il, tel Narcisse face à son reflet ? Pressent-il qu'avec *Plein Soleil* il entamera une ascension qui le mènera au zénith ?

Estella Blain et Alain Delon, 1958

Alain Delon, 1958

La Croisette est en émoi : Jayne Mansfield a ri aux larmes à la projection de *Mon Oncle*. Bon augure : le premier film en couleur de Tati fera un triomphe aux États-Unis. L'*american way of life* s'y verra comme dans un miroir...

Jean-Pierre Zola (à gauche), Dominique Marie
et Jacques Tati, *Mon oncle* (J. Tati), 1958

« Le type de l'acteur-poète », selon Jean Cocteau. Et un chic type avec ses admirateurs. Bronzé, brushé, satiné, nœud papillonné, Jean Marais joue le jeu du chic méditerranéen.

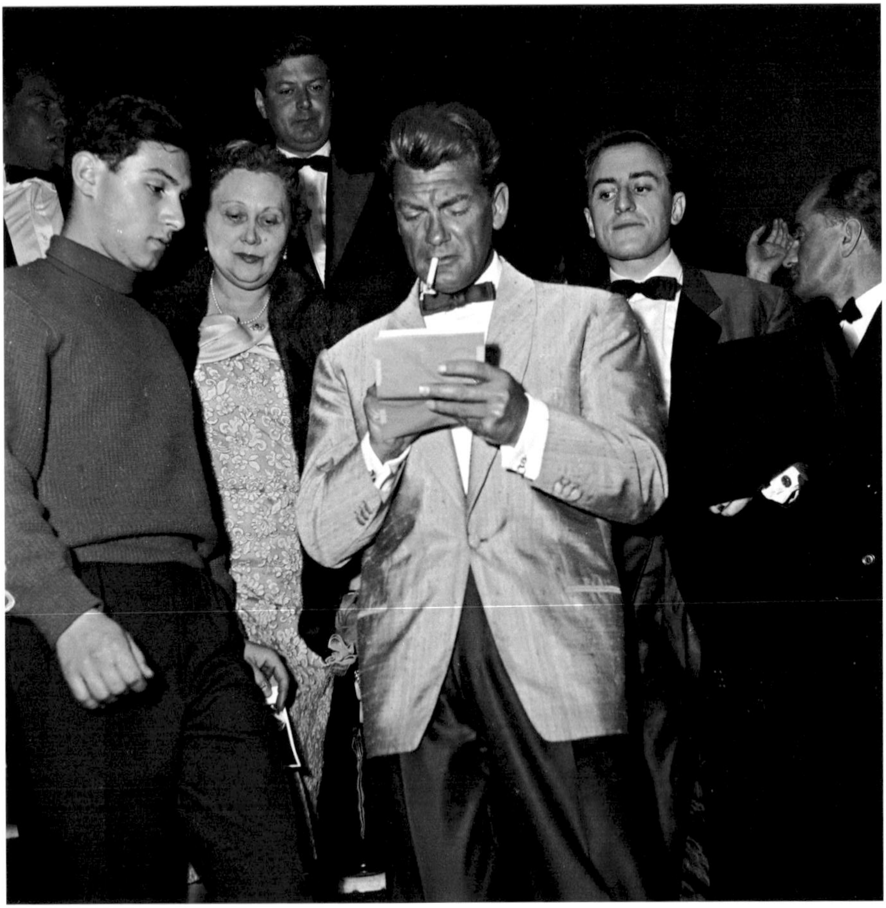

Jean Marais, 1958

C'est une martingale typiquement cannoise : le Festival est réussi si l'équilibre existe entre le muscle et le cerveau. La preuve en un raccourci saisissant : l'édition 1958 fêtait Mickey l'Ange gardien (et époux) du Corps Atomique Polyvalent...

Mickey Hargitay et Jayne Mansfield, 1958

...mais aussi Welles, génie en exil forcé, le visage encore soufflé après son rôle dans *La Soif du mal*, tourné la même année.

Orson Welles,
Les Feux de l'été (Martin Ritt), 1958

Orson Welles, Jacques Dutronc, Groucho Marx, Alain Sarde : ils seront quelques uns dans ce livre à ne jamais quitter leurs cigares, les « puants » comme les appelait Katharine Hepburn. Symbole de plaisir, symbole du monde du cinéma…

Jacqueline et Marcel Pagnol

Orson Welles et Abel Gance, *Les Feux de l'été* (Martin Ritt), 1958

Selon Jean Renoir qui le dirigea, Erich Von Stroheim était un « comédien à perpétuité », « une réincarnation de mousquetaire mâtinée de marquis de Sade ». Devant l'objectif des Traverso, la réincarnation n'a pas l'air commode…

Denise Vernac et Erich Von Stroheim

Que peuvent-ils bien se raconter, ces deux acteurs comiques aux *vis comica* si différentes ? C'est la vertu du festival de Cannes de favoriser les rencontres impossibles ou inattendues.

L'année de la présentation du *Mystère Picasso*, le peintre eut une dérogation pour porter une veste en peau de mouton à la soirée de gala. Mais en 1958, Pablo Picasso rentre dans le rang et sort le Tuxedo…

Bourvil, 1958

Dominique Marie, Bourvil et Jacques Tati (pour son film *Mon oncle*), 1958

Pablo Picasso et Jacqueline Roque, 1958

En 1958, François Truffaut dégommait le Festival et « les profiteurs sans âme du cinéma fernandeliste ». Il fut interdit de séjour. Le 4 mai 1959, il représente la France à Cannes avec son premier film, un petit miracle aux genoux écorchés. Truffaut a vingt-sept ans, Jean-Pierre Léaud, quatorze ans.

Yul Brynner

François Truffaut (pour son film *Les 400 coups*), et Claude Chabrol, 1959

Marcello Mastroianni

« Qu'est ce qu'on va faire du gosse ?!? »

Jean-Pierre Léaud
Les 400 coups (François Truffaut), porté par Jean Cocteau, 1959

Robert Hossein, Marina Vlady et Alain Delon

Jean Marais

Gérard Blain

Charles Aznavour et Jean Marais

Simone Signoret,
Les Chemins de la haute ville (Jack Clayton)
et Yves Montand, 1959

Gene Kelly, membre du jury, et Edward G. Robinson, 1959

Gene Kelly, 1959

Anthony Quinn, *Les Dents du diable* (Nicholas Ray et Baccio Bandini), 1960

Il fut le modèle de Ian Fleming pour James Bond. Il s'appelait Archibald Alexander Leach. Typiquement anglais. D'ailleurs il était anglais.
À un journaliste qui lui disait : « Tout le monde aimerait être Cary Grant », il répondit : « Moi aussi »...

Cary Grant, Kim Novak, *Au milieu de la nuit* (Delbert Mann), et Robert Favre Le Bret, 1959

La Dolce Vita à Cannes, c'est sur l'écran et hors-champ. Lors de la fête qui suivit la projection du film *Jamais le dimanche*, cinq cents invités brisèrent cinq mille verres d'ouzo jusqu'à l'aube.

Jean-Claude Brialy et Bernard Blier, 1960

Philippe Erlanger, André Malraux et Robert Favre Le Bret, 1960

Mélina Mercouri et Jules Dassin, *Jamais le dimanche* (J. Dassin), 1960

Avec ses lunettes noires, Marcello signale aux photographes qu'ils prennent le cliché d'un personnage de fiction, arroseur arrosé pas encore vraiment sorti du film…

Anouk Aimée et Marcello Mastroianni,
La Dolce Vita (Federico Fellini), 1960

Michelangelo Antonioni
(pour son film *Avventura*)
et Sylvana Mangano, 1960

Georges Simenon
et Jean Cocteau, 1960

Jeanne Moreau
et Jean-Paul Belmondo, *Moderato cantabile* (Peter Brook), 1960

Histoires d'eau… Tandis que John Wayne fait une arrivée surprise à la barre de son bateau, le beau Jean Marais n'oublie pas que Cannes est aussi un festival de plages, où l'on cultive sa cinéphilie et son bronzage.

Jean Marais, 1960

John Wayne, 1961

Anthony Perkins et Anatole Litvak,
Aimez-vous Brahms ? (A. Litvak), 1961

Anouk Aimée, Federico Fellini, *La Dolce Vita*
(F. Fellini) Palme d'or 1960
et Roberto Rossellini

« Bien que rien ne puisse ramener l'heure de la fièvre dans le sang, de la fleur en gloire, nous ne les pleurerons pas ; mais nous trouverons de la force dans leur souvenir. »

La Fièvre dans le sang (Elia Kazan)

Romy Schneider, *Boccace 70* (L. Visconti, F. Fellini et V. De Sica), et Alain Delon, 1962

Warren Beatty, *L'Ange de la violence* (John Frankenheimer) et Natalie Wood, 1962

« Marcello, c'est mon double. Je l'appelle mon ambassadeur. Pourtant je dois toujours lutter contre son sourire clair de garçonnet de douze ans. » Ainsi parlait Fellini, tendrement. On voit bien ce qu'il veut dire…

Daniela Rocca, Marcello Mastroianni et Stefania Sandrelli
Divorce à l'italienne (Pietro Germi), 1962

Otto Preminger et Gene Tierney,
Tempête à Washington,
(O. Preminger), 1962

Claude Chabrol et François Truffaut,
membre du jury, 1962

Harold Lloyd, 1962

Pierre Brasseur, *Le Crime ne paie pas* (Gérard Oury), 1962

Johnny Hallyday, 1962

Burt Lancaster,
Le Guépard (Luchino Visconti), Palme d'Or 1963

Francis Blanche et Darry Cowl, 1962

Les cinéastes-aventuriers de la Nouvelle Vague ont pris le pouvoir mais à Cannes, le début des années 60 est encore le règne d'un art de vivre. Gregory Peck incarne un âge d'or hollywoodien bientôt révolu, tandis que *Le Guépard* est une somptueuse élégie sur la fin d'une civilisation.

Gregory Peck,
Du silence et des ombres (Robert Mulligan), 1963

Luchino Visconti, Claudia Cardinale et Burt Lancaster,
Le Guépard (L. Visconti), Palme d'Or 1963

Charles Boyer et Fritz Lang, vice-président et président du jury, 1964

Robert Aldrich et Bette Davis, *Qu'est-il arrivé à Baby Jane ?* (R. Aldrich), 1963

« À Cannes, les réalisateurs deviennent des stars. »
Alfred Hitchcock

Tippi Hedren et Alfred Hitchcock,
Les Oiseaux (A. Hitchcock), 1963

Une évolution ? Une révolution ! Le « Swinging London » déferle sur Cannes, avec sa mode et ses Mods ! Michael Caine semble en pleine Beatlemania, et la Palme d'Or est attribuée à *The Knack*, une capsule d'air du temps.

Michael Caine, *Ipcress danger immédiat* (Sydney J. Furie), 1965

James Mason, 1964

Roger Hanin, 1965

« Évidemment ça n'est pas des chaussures pour la marche que vous avez là.
– Puisque vous me le proposez si gentiment, j'accepte !
– Quoi ?
– Que vous me prêtiez vos souliers. » *La Grande Vadrouille*

Bourvil, Terry-Thomas et Louis de Funès, en promotion pour *La Grande Vadrouille* (Gérard Oury), 1966

Bourvil, 1966

Louis de Funès, 1966

Vittorio Gassman
L'Armée Brancaleone
(Mario Monicelli)
et Juliette Mayniel, 1966

Omar Sharif et Britt Ekland, 1966

Rock Hudson,
L'Opération diabolique
(John Frankenheimer), 1966

Cet homme est un trésor vivant, une utopie ambulante et un archiviste fou : Henri Langlois, le fondateur de la Cinémathèque Française, sera sauvé d'une mise à pied en 1968 grâce au soutien des plus grands cinéastes du monde...

Henri Langlois, 1966

Pierre Étaix pour son film *Yoyo*, 1965

Pierre Braunberger,"l'ami Pierrot", fut le producteur légendaire de Jean Renoir et le père spirituel de François Truffaut. Lequel Truffaut produira avec Claude Berri, rencontré à Cannes, le premier film d'un peintre, *L'Enfance nue* de Maurice Pialat.

Pierre Braunberger et François Truffaut, 1967

Aux côtés de Claude Berri et du jeune Alain Cohen, c'est la mémoire du cinéma français qui chemine sur la Croisette. Michel Simon est né en 1885, la même année que le cinéma.

Michel Simon, Alain Cohen (l'enfant) et Claude Berri, 1967

Ugo Tognazzi,
Beaucoup trop pour un seul homme
(Pietro Germi), 1967

Monica Vitti, Michelangelo Antonioni et Vanessa Redgrave,
Blow Up (M. Antonioni), 1967

Le Festival ouvre le 10 mai 1968 avec *Autant en emporte le vent* ; il est balayé le 19 mai par un ouragan contestataire. Si le compositeur Pierre Barouh semble déconfit, Lelouch, Truffaut, et Godard, ici en assemblée générale sauvage dans le Palais des Festivals, exigent l'interruption des programmes...

Anouk Aimée et Pierre Barouh, 1968

Claude Lelouch, Jean-Luc Godard et François Truffaut, 1968

Jean-Louis Trintignant, *Disons, un soir à dîner*
(Guiseppe Patroni Griffi), 1969

Avec *Easy Rider*, la révolution n'est pas seulement capillaire...
« Ils n'ont pas peur de toi, mais de ce que tu représentes.
– Hey man. Ce qu'on représente pour eux, c'est des types qui ont besoin d'une coupe de cheveux.
- Non. Tu représentes la liberté. »

Jack Nicholson entouré de Peter Fonda et Dennis Hopper,
Easy Rider (D. Hopper), 1969

Jo Ann Pflug, Robert Altman et Sally Kellerman, *M.A.S.H.* (R. Altman), Grand Prix International 1970

Charlton Heston, 1969

Parmi les nombreux films expérimentaux tournés par les « LennonOno », le Festival choisit de programmer *Fly* : dix-neuf minutes zonzonnantes où une mouche arpente en gros plan un corps de femme nue. Peut-être une mouche tsé-tsé, chuchotent les spectateurs…

Yoko Ono et John Lennon pour leur film *Apotheosis*, 1971

Jacques Perrin, 1970

Claude Brasseur, 1970

Kirk Douglas, membre du jury, 1970

Jean-Pierre Mocky, 1971

« Avec tout le mal que j'ai eu pour trouver une cravate noire, voilà que vous m'en mettez une rouge ! » déclare Charlie Chaplin, quatre-vingt-deux ans, les larmes aux yeux, en recevant sa Légion d'honneur.

Charles Chaplin, 1971

Malcolm MacDowell, *If* (Lindsay Anderson), Grand Prix International 1969

Oona et Charles Chaplin, 1971

Luchino Visconti et Dirk Bogarde, *Mort à Venise*
(L. Visconti) et Romy Schneider, 1972

Crise de la quarantaine, errances amoureuses, couple en crise dans la France pompidolienne : Michel Piccoli et Jean Yanne resteront inoubliables dans *Les Choses de la vie* et *Nous ne vieillirons pas ensemble*.

Jean Yanne, *Nous ne vieillirons pas ensemble* (Maurice Pialat) et Gilles Durieux, 1972

Michel Piccoli et Romy Schneider, *Les Choses de la vie* (Claude Sautet), 1970

« Je n'ai pas envie d'appartenir à un club qui m'accepterait pour membre », disait Groucho Marx, qui reçut néammoins l'hommage du club des cinéphiles du monde entier en 1972 à Cannes. Tous marxistes tendance Groucho…

Groucho Marx, 1972

...Hitchcock, réalisateur fétiche du Festival, déguste-t-il une caille aux raisins comme le fait l'assassin et maniaque sexuel de son film *Frenzy* ?

Alfred Hitchcock pour son film *Frenzy*, 1972

Sergio Leone et Marlène Jobert, 1972

Jean Rochefort, *Les Feux de la Chandeleur* (Serge Korber), 1972

Pierre Tchernia, 1972

« Son nom était Jeremiah Johnson et on dit qu'il voulait vivre en ermite dans la montagne. » Cannes se pâme pour la vedette du somptueux western écolo de Sydney Pollack. Vautré comme un trappeur devant un feu de cheminée, l'acteur entend symboliser le refus du protocole.

Robert Redford, *Jeremiah Johnson* (Sidney Pollack), 1972

« Jouer, c'est comme baisser son pantalon : vous êtes exposé ! » L'irrésistible acteur-réalisateur-coureur (automobile) a dirigé sa femme Joanne Woodward dans son second film ; elle a reçu le Prix d'interprétation féminine en 1973.

Peter Ustinov, 1972

Paul Newman pour son film
De l'influence des rayons gamma sur le comportement des marguerites, 1973

Luis Buñuel inventa à Cannes un cocktail, le « bunueloni » : une mesure de Carpana, une mesure de Cinzano doux, une double mesure de Gin. Agitez. *Salud. Viva la muerte !*

Luis Buñuel, 1974

Jacques Dutronc, 1973

À pieds joints dans les *seventies*. Le charme canaille, décontract', de Belmondo, vedette de *Stavisky*...

Jean-Paul Belmondo, *Stavisky* (Alain Resnais), 1974

Le charme bohème chic de Jane *and* Serge, si loin du Festival, cinématographiquement ! Elle vient de jouer chez Zidi et Audiard. Il est le héros de *La Dernière Violette*, un court-métrage diffusé avant le film *Emmanuelle*...

Jane Birkin et Serge Gainsbourg, 1974

Icônes de la contre-culture et de la subversion par le rire depuis *M.A.S.H.*, Elliot Gould et Donald Sutherland refont équipe avec la même nonchalance qui enchante leurs fans.

Donald Sutherland et Elliott Gould, *S+P+Y+S* (Irvin Kershner), 1974

Francis Ford Coppola pour son film *Conversation secrète*, Grand Prix International 1974, sa femme Eleanor et son fils Gio

Marin et obsedé sexuel dans *La Dernière Corvée*, une satire de l'armée, Nicholson repart avec le prix d'interprétation masculine. La moustache, très Village People avant l'heure, ne repassera pas la frontière...

Jack Nicholson, 1971

Jacques Tati pour son film
Parade, 1974

Robert Bresson pour son film
Lancelot du lac, 1974

Jan Miner, Dustin Hoffman et Valerie Perrine,
Lenny (Bob Fosse), 1975

« Si Fred Astaire est le Cary Grant de la danse, j'en suis le Marlon Brando », disait Gene Kelly. Ce soir, il exulte au bras de son complice Daddy-Long-Legs. Oui, ces stars d'un âge d'or d'avant la bombe atomique et les multiplexes géants sont vraiment *bigger than life*...

Cary Grant, 1976

Fred Astaire et Gene Kelly, *Hollywood... Hollywood !* (G. Kelly), 1976

Lino Ventura et Francesco Rosi, *Cadavres exquis* (F. Rosi), 1976

Anthony Quinn, *L'Héritage* (Mauro Bolognini), 1976

Roman Polanski pour son film *Le Locataire*, 1976

Carlo Ponti et Sophia Loren, 1976

Marcello Mastroianni
et Claudia Cardinale, 1976

Gérard Depardieu, *1900*
(Bernardo Bertolucci), 1976

Patrick Dewaere, 1976

David Carradine, Hal Ashby,
En route pour la gloire (H. Ashby) et Ali Mac Graw, 1977

Un chauffeur de taxi désaxé, une prostituée mineure, un proxénète cynique : avec *Taxi Driver*, Cannes découvre la face la plus anxiogène de l'Amérique urbaine. Robert de Niro, trente-trois ans, est la révélation du Festival.

Jodie Foster, Robert De Niro et Harvey Keitel,
Taxi Driver (Martin Scorsese), Palme d'Or 1976

Alberto Sordi, *Un bourgeois tout petit, petit* (Mario Monicelli), 1977

Jacques Villeret, *Un balcon en forêt* (Michel Mitrani), 1978

David Bowie, 1978

Nick Nolte *Les Guerriers de l'enfer* (Karel Reisz), Michèle Mercier, 1978

Wim Wenders et Peter Handke (pour son film *La Femme gauchère*), 1978

Présentation du dernier film de Jules Dassin, en présence de son fils, le magnifique chanteur de charme franco-américain tout en rouflaquettes. Jeune homme, Joe Dassin fit des apparitions dans *La Loi* et *Topkapi*.

Joe Dassin
Cri de femme (Jules Dassin) et sa femme, 1978

Des films lyriques, provocateurs, subversifs, qui bouleversent les conventions sur la drogue, le sexe, la paternité, déferlent sur le Festival en provenance d'Amérique et de la vieille Europe...

Richard Gere, *Les Moissons du ciel* (Terrence Malick), 1979

Brad Davis, Bo Hopkins, John Hurt et Alan Parker, *Midnight Express* (A. Parker), 1978

...leurs vedettes : Richard Gere, Brad Davis, Marcello Mastroianni, Gérard Depardieu.

Marco Ferreri, Gérard Depardieu et Marcello Mastroianni,
Rêve de singe (M. Ferreri), 1978

Les réalisateurs sont des héros : Francis Ford Coppola décrit à la presse le calvaire du tournage puis du montage d'*Apocalypse Now*, ses tentatives de suicide et ses trente kilos immolés sur l'autel d'une passion enragée pour le cinéma.

Michel Ciment et Francis Ford Coppola (pour son film *Apocalypse Now*), 1979

Kirk Douglas, Président du jury, et Jeanne Moreau, 1980

Jean-Luc Godard et Anne-Marie Miéville,
Sauve qui peut (la vie) (J.-L. Godard), 1980

Marco Bellocchio, Anouk Aimée et Michel Piccoli,
Le Saut dans le vide (M. Bellocchio), 1980

Pour escorter la sensation féminine du Festival et sa partenaire dans le psychodrame torride de Bob Rafelson, Jack Nicholson a sorti son « noir » de travail : le smoking.

Jack Nicholson et Jessica Lange,
Le Facteur sonne toujours deux fois
(Bob Rafelson), 1981

Patrick Dewaere intimide et magnétise les foules à chacune de ses apparitions au festival de Cannes. Il est le « beau-père » ambigu du film de Bertrand Blier.

Nathalie Baye, Patrick Dewaere, Ariel Besse, Maurice Ronet, Nicole Garcia et Bertrand Blier, *Beau-Père* (B. Blier), 1981

Michaël Lonsdale, *Douce enquête sur la violence* (Gérard Guérin), 1982

Jack Lemmon, 1982

Roger Moore, 1982

Vittorio Gassman, 1982

Jerry Lewis,
Bonjour Monsieur Lewis (Robert Benayoun), 1982

Roger Hanin, Christine Gouze-Rénal et Jack Lang, 1982

Michel Piccoli, Alain Sarde et Jean-Luc Godard, *Passion* (J.-L. Godard), 1982

« E.T. phone home ! »
Mais d'abord un bain de foule terrien, et une avant-première mondiale, dernière séance avant démolition du vieux Palais des Festivals…

Melissa Mathison et Steven Spielberg,
E.T. l'extraterrestre (S. Spielberg) et Harrison Ford, 1982

Miou-Miou et Julien Clerc, *Brel* (Frédéric Rossif), 1982

Pierre Richard et Gérard Depardieu,
La Lune dans le caniveau (Jean-Jacques Beineix), 1983

Tony Curtis, 1982

Dirk Bogarde et Glenda Jackson, 1983

Marco Ferreri pour son film *L'Histoire de Pierra*, 1983

Andrei Tarkovski (pour son film *Nostalghia*) et Robert Bresson (pour son film *L'Argent*), 1983

Gian Maria Volontè, *La Mort de Mario Ricci* (Claude Goretta) entouré de Ben Gazzara et Leslie Caron, 1983

Jacques Dutronc et Mrinal Sen (pour son film *Affaire classée*), 1983

Le Maverick de Little Italy, le producteur français qui inventa l'Europe du cinéma, et un géant hollywoodien amoureux du Mexique : Cannes, c'est un cinémonde.

Martin Scorsese pour son film
La Valse des pantins, 1983

Daniel Toscan du Plantier et Gérard Depardieu,
La Lune dans le caniveau (Jean-Jacques Beineix), 1983

John Huston pour son film
Au-dessous du volcan, 1984

BAN
INDO

James Wood, Joe Pesci, Robert de Niro et Sergio Leone,
Il était une fois en Amérique (S. Leone), 1984

Richard Bohringer
et Gérard Vaugeois, 1984

Jacques Weber, 1984

« J'ai rencontré des gens qui m'ont demandé de leur signer un autographe sur leur revolver. » Clint Eastwood présente sa douzième réalisation, un western dont il est le sombre héros.

Bernard Blier, *La Double Vie de Mathias Pascal* (Mario Monicelli) et *Le Fou de guerre* (Dino Risi), et Patrice Chéreau, *Adieu Bonaparte* (Youssef Chahine), 1985

Jean-Pierre Léaud, Johnny Hallyday et Nathalie Baye, *Détective* (Jean-Luc Godard), 1985

Clint Eastwood pour son film *Pale Rider, le cavalier solitaire*, 1985

Hommage appuyé de Coluche au film *Tenue de soirée* de Bertrand Blier. Coluche décèdera un mois plus tard, à moto, non loin de Cannes…

Béatrice Dalle et Coluche, 1986

Jon Voight, 1987

Griffin Dunne, *After Hours* (Martin Scorsese) et Bernard Giraudeau (à gauche), 1986

Paul Newman pour son film *La Ménagerie de verre*, 1987

Roland Joffé et Jeremy Irons, *Mission* (R. Joffé), Palme d'Or 1986

Claude Lelouch, Francis Lai, Anouk Aimée,
Un homme et une femme : vingt ans déjà (C. Lelouch), 1986

Matthew Modine, Alan Parker et Nicolas Cage, *Birdy* (A. Parker), 1985

Guy Marchand, 1986

Le réalisateur, sa muse, son ami américain... Solveig Dommartin, « l'elle du désir », est une trapéziste mélancolique évoluant dans un Berlin transfiguré par l'amour de deux anges.

Peter Falk dit à l'un d'eux : « Je ne peux pas te voir mais je sais que tu es là, je sens ta présence. »

Wim Wenders et Solveig Dommartin, *Les Ailes du désir* (W. Wenders), 1987

Christophe Lambert et Catherine Deneuve, 1987

John Hurt et Bridget Fonda, *Aria* (collectif), 1987

Peter Falk, *Les Ailes du désir* (Wim Wenders), 1987

Mel Gibson, 1987

Richard Gere, *Rien à perdre* (Gary Sinise), 1988

Anthony Quinn, José Ferrer et Omar Sharif, *Lawrence d'Arabie* (D. Lean), version augmentée, 1989

« Un projet personnel comme n'importe quel projet personnel, disons juste que le mien est un peu plus... personnel. » Pathologies sexuelles, réflexion sur l'image et le cinéma : le Festival révèle un acteur stupéfiant, James Spader, et un brillant jeune réalisateur de vingt-six ans.

Luc Besson et Jean-Marc Barr, *Le Grand Bleu* (L. Besson), 1988

Jan Tesarz et Krzysztof Kieslowski, *Tu ne tueras point* (K. Kieslowski), 1988

Gregory Peck, Jane Fonda et Jimmy Smits, *Old Gringo* (Luis Puenzo), 1989

Akira Kurosawa pour son film *Rêves*, 1990

Steven Soderbergh, Laura San Giacomo, Peter Gallagher et James Spader,
Sexe, mensonges et vidéo (S. Soderbergh), 1989

Nick Nolte et Rosanna Arquette, *New York Stories* (Martin Scorsese), 1989

Ben Kingsley, *L'Ile de Pascali* (James Dearden), 1988

Patrice Leconte et Michel Blanc, *Monsieur Hire* (P. Leconte), 1989

Jason Robards, *L'Ami retrouvé* (Jerry Schatzberg), 1989

Gérard Depardieu, Josiane Balasko, Carole Bouquet et Bertrand Blier, *Trop belle pour toi* (B. Blier), 1989

Dennis Quaid, *Bienvenue au paradis* (Alan Parker), 1990

Mickey Rourke, *Francesco* (Liliana Cavani), 1989

Mick Jagger, 1991

Tcheky Karyo, 1990

Domiziana Giordano et Alain Delon, *Nouvelle Vague* (Jean-Luc Godard), 1990

Bill Duke, Robin Givens et Forest Whitaker, *A Rage in Harlem* (B. Duke), 1991

Timothy Dalton, *La Putain du roi* (Alex Corti), 1990

On ne sait jamais qui est qui ! Ethan, le cadet et le co-scénariste, est à gauche, Joel, l'aîné et l'auteur-réalisateur, au milieu. À droite, John Turturro, leur génial souffre-douleur dans *Barton Fink*.

Ethan et Joel Coen avec John Turturro,
Barton Fink (J. et E. Coen), Palme d'Or 1991

Dirk Bogarde et Jane Birkin,
Daddy Nostalgie (Bertrand Tavernier), 1990

Gérard Depardieu, *Cyrano de Bergerac*
(Jean-Claude Rappeneau), 1990

Charles Bronson et Sean Penn, *The Indian Runner* (S. Penn), 1991

Martin, Janet et Charlie Sheen, 1990

« Les classiques, ce sont les modernes qui ont réussi. »
Jacques Rivette

Gina Lollobrigida
et Robert Mitchum, 1991

Emmanuelle Béart et Jacques Rivette,
La Belle Noiseuse (J. Rivette), 1991

Frances Mac Dormand, Brian Cox, Ken Loach et Mai Zetterling, *Hidden Agenda* (K. Loach), 1990

Mel Brooks et Anne Bancroft,
Chienne de vie (M. Brooks), 1991

Robert De Niro, 1990

Spike Lee pour son film
Jungle River, 1991

Fabrice Desplechin,
Bruno Todeschini, Arnaud Desplechin
et Emmanuel Salinger, *La Sentinelle*
(A. Desplechin), 1992

Roberto Begnini, en promotion
pour *Le Fils de la Panthère Rose*
(Blake Edwards), 1992

Kyle MacLachlan,
Twin Peaks (David Lynch), 1992

Jean-Claude Van Damme, 1992

Fabrice Luchini,
Le Retour de Casanova
(Edouard Niermans)
et Michel Denisot, 1992

Iconoclaste, incontrôlable, précédé (et souvent suivi…) par une rumeur scandalisée : Abel Ferrara, roi d'un New York des bas-fonds et des fulgurances mystiques, fait toujours l'événement à Cannes.

Abel Ferrara pour son film *Body Snatchers*, 1993

Bartabas pour son film *Mazeppa*, 1993

Li Tien-lu et Hou Hsiao-hsien,
Le Maître de marionnettes (H. Hsiao-hsien), 1993

Daniel Auteuil, Catherine Deneuve, André Téchiné
et Marthe Villalonga,
Ma saison préférée (A. Téchiné), 1993

Michael Douglas,
Chute libre (Joel Schumacher), 1993

« All right, everybody cool, this is a robbery !! »
Certes. En 1994, Tarantino et sa bande opèrent un hold-up d'envergure sur le cinéma de genre, le mauvais genre, celui des gros malins et des trop belles filles.

Samuel L. Jackson, Uma Thurman et Bruce Willis,
Pulp Fiction (Quentin Tarantino), Palme d'Or 1994

Kevin Spacey et Gabriel Byrne,
Usuals Suspects (Bryan Singer), 1995

Carole Bouquet et Michel Blanc,
Grosse Fatigue (M. Blanc), 1994

Ge You, Gong Li et Ben Niu, *Vivre !* (Zhang Yimou), 1994

Gong Li et Leslie Cheung,
Adieu ma concubine (Chen Kaige), Palme d'Or 1993

John Travolta, *Pulp Fiction* (Quentin Tarantino), Palme d'Or 1994

Rena Owen et Sam Neill, 1995

Catherine Deneuve, Vice-présidente du jury,
Clint Eastwood, Président du jury, et Frances Fisher, 1994

Sa beauté émouvante, ses choix artistiques impeccables, son idylle franco-américaine et son aura rock'n'rollesque font de Johnny Depp l'acteur chéri des festivaliers.

Nicolas Cage, *Kiss of Death* (Barbet Schroeder), 1995

Andy Garcia, *Dernières heures à Denver* (Gary Fleder), 1995

Johnny Depp, *Ed Wood* (Tim Burton) et *Dead Man* (Jim Jarmusch), 1995

Hugh Grant, *L'Anglais qui gravit une colline et descendit une montagne* (Christopher Monger), 1995

Vincent Lindon, 1995

Gérard Jugnot, 1995

Tim Burton pour son film *Ed Wood*, 1995

Alfred Molina, Johnny Depp et Jim Jarmush,
Dead Man (J. Jarmusch), 1995

Xavier Beauvois, Chiara Mastroianni et Roschdy Zem,
N'oublie pas que tu vas mourir (X. Beauvois), 1995

« Si t'étais allé à l'école au lieu de taguer tu saurais que l'histoire nous a appris un truc, la haine attire la haine. »

La Haine.

Jeanne Moreau, Présidente du jury, et Jean-Claude Brialy, membre du jury, 1995

Hubert Koundé, Saïd Taghmaoui, Mathieu Kassovitz et Vincent Cassel, *La Haine* (M. Kassovitz), 1995

Dustin Hoffman, 1996

Al Pacino pour son film
Looking for Richard, 1996

Martin Landau, *Ed Wood* (Tim Burton) et Barbara Bain, 1995

Francis Ford Coppola, Président du jury, Sofia Coppola et Roman Coppola, 1996

Jean-Marc Barr, Emily Watson et Stellan Skarsgard, *Breaking the Waves* (L. Von Trier), 1996

Slavko Stimac, Miki Manojlovic, Emir Kusturica et Lazar Ristovski, *Underground* (E. Kusturica), Palme d'Or 1995

Caro et Jeunet, les brocanteurs du cinéma fantastique français, font sensation en 1995 avec leur casting d'acteurs à « trognes » : Daniel Emilfork, Dominique Pinon, Ron Perlman.

Dominique Pinon, Daniel Emilfork, Marc Caro et Jean-Pierre Jeunet,
La Cité des enfants perdus (J.-P. Jeunet), 1995

Johnny Depp pour son film *The Brave*, 1997

Leonardo Di Caprio, en promotion pour *Titanic* (James Cameron), 1997

Nanni Moretti, membre du jury, 1997

Youssef Chahine pour son film *Le Destin*, 1997

Jean-Luc Godard pour son film *Histoire(s) du cinéma*, 1997

Martin Scorsese, 1997

John Waters, 1997

Danny De Vito, James Cromwell et Kevin Spacey, *L. A. Confidential* (Curtis Hanson), 1997

Michel Serrault, Medhi Benoufa et Mathieu Kassovitz, *Assassin(s)* (M. Kassovitz), 1997

Bruno Solo et Vincent Elbaz, en promotion pour *La Vérité si je mens* (Thomas Gilou), 1997

Tandem irrésistible, Sacha Bourdo et Sergi Lopez sont filmés par Manuel Poirier comme les Laurel et Hardy de la précarité contemporaine.

Sacha Bourdo, Manuel Poirier et Sergi Lopez,
Western (M. Poirier), 1997

Dennis Hopper, *The Blackout* (Abel Ferrara), 1997

Guy Pearce, Kim Basinger et Russel Crowe, *L. A. Confidential* (Curtis Hanson), 1997

Bernardo Bertolucci, 1997

John Hurt, *Amour et Mort à Long Island* (Richard Kwietniowski), 1997

Gary Oldman, *Le Cinquième Élément* (Luc Besson), 1997

Les frères Lumière, les frères Taviani, les frères Coen, les frères Dardenne, les frères Wachowski, les frères Pang, les frères Larrieu, tous vinrent à Cannes... Pas de sœurs à signaler, en revanche...

Vittorio et Paolo Taviani, 1997

Joel et Ethan Coen, 1997

Prix de la mise en scène pour Wong Kar-wai, et son « *road-movie* dans les cœurs de deux hommes en exil ». Il est le réalisateur à la mode des années 90, avec *In the Mood for Love*, Wong deviendra culte.

Wong Kar-wai pour son film *Happy Together*, 1997

Maja et Emir Kusturica, 1997

Kiefer Sutherland,
Dark City (Alex Proyas), 1998

Woody Harrelson, *Welcome to Sarajevo,* (Michael Winterbottom) et Demi Moore, 1997

Sadie Frost et Jude Law, *Bent* (Sean Mathias), 1997

Victoria et Dennis Hopper, 1997

André Dussollier et Valérie Lemercier, 1997

La cinéphagie est une des maladies bénignes susceptible de contaminer habitués ou visiteurs du festival de Cannes. Jean Reno, en promotion pour *Godzilla*, mime ce rapport dévorant au cinéma...

J. Evan Bonifant, Joe Morton, John Goodman et Dan Aykroyd, *Blues Brothers 2000* (John Landis), 1998

Jean Reno, *Godzilla* (Roland Emmerich), 1998

John Travolta, *Primary Colors* (Mike Nichols), et Kelly Preston, 1998

Koji Yakusho et Shohei Imamura, *L'Anguille* (S. Imamura), Palme d'Or 1997

Claude Berri, un producteur qui pèse lourd, Gérard Depardieu, l'haltérophile du cinéma français, et Christian Clavier, le comique gaulois, sans la fameuse moustache...

Christian Clavier, Claude Berri, Gérard Depardieu et Laëtitia Casta, en promotion pour *Astérix et Obélix contre César* (C. Berri), 1998

Roberto Benigni pour son film *La vie est belle*, 1998
Robert Duvall pour son film *Le Prédicateur*, 1998
Lars Von Trier pour son film *Les Idiots*, 1998
Bruno Ganz, *L'Éternité et un jour* (Theo Angelopoulos), 1998

Willem Dafoe, *Lulu on the Bridge* (Paul Auster), 1998

Sylvester Stallone, 1998

Nick Cassavetes pour son film *She's So Lovely*, 1997

Alain Chabat et Rachid Bouchareb, 1998

Vincent Perez, *Ceux qui m'aiment prendront le train* (Patrice Chéreau), 1998

Kenneth Branagh pour son film *Hamlet*, 1997

« C'était lui. Un prototype créé par Dieu. Un mutant survolté, un moule brisé. Trop dingue pour vivre, trop rare pour mourir. »
Docteur Gonzo décrit par Hunter S. Thompson, l'idole de Terry Gilliam.

Benicio Del Toro, Terry Gilliam et Johnny Depp,
Las Vegas Parano (T. Gilliam), 1998

Forest Whitaker et Jim Jarmusch, *Ghost Dog, la voie du samouraï* (J. Jarmusch), 1999

Jeff Goldblum, membre du jury, 1999

Lambert Wilson, Président du jury, 1999

6C

Deux sujets britanniques de Sa Gracieuse Majesté,
passés à l'ouest, à Hollywood : l'Anglais Terence Stamp,
vedette pléonastique de *L'Anglais*, et l'Écossais Sean Connery.

Catherine Zeta-Jones et Sean Connery,
Haute-voltige (Jon Amiel), 1999

Terence Stamp, *L'Anglais* (Steven Soderbergh), 1999

En haut des vingt-quatre marches du Palais, Pierre Viot et Gilles Jacob accueillent les équipes de films dans leur merveilleuse et éphémère principauté du cinéma.

Jeremy Irons, 1999

Mel Gibson, 1999

Takeshi Kitano pour son film *L'Été de Kikujiro*, 1999

Pierre Viot, Président du Festival de 1984 à 2000 et Gilles Jacob, Délégué général de 1978 à 2000 et Président du Festival depuis 2000

Val Kilmer, 1999

Oleg Menshikov, Julia Ormond et Nikita Mikhalkov, *Le Barbier de Sibérie* (N. Mikhalkov), 1999

Arsinée Khanjian, Atom Egoyan et Elaine Cassidy, *Le Voyage de Félicia* (A. Egoyan), 1999

Émilie Dequenne entourée de Jean-Pierre et Luc Dardenne,
Rosetta (J.-P. et L. Dardenne), Palme d'Or 1999

Robert Diggs, Forest Whitaker et Jim Jarmusch,
Ghost Dog, la voie du samouraï (J. Jarmusch), 1999

Pedro Almodóvar, 2000

Arnaud Desplechin pour son film *Esther Kahn*, 2000

Brian de Palma pour son film
Mission to Mars, 2000

Gregory Peck, 2000

Nagisa Oshima pour son film *Tabou*, 2000

Spirituel, charismatique, élégant, talentueux, Georges Clooney est le nouveau Cary Grant ! Il ressuscite à lui seul l'ère des grands séducteurs du cinéma hollywoodien.

Gene Hackman, *Suspicion* (Stephen Hopkins), 2000

Adrien Brody, *Bread and Roses* (Ken Loach), 2000

Charles Berling, *Les Destinées sentimentales* (Olivier Assayas) et *Stardom* (Denys Arcand), 2000

Georges Clooney, *O'Brother* (Joel Coen), 2000

Manoel De Oliveira pour son film *La Lettre*, et Geraldine Chaplin, *Berezina ou les derniers jours de la Suisse* (Daniel Schmid), 1999

Tony Leung, *In the Mood for Love* (Wong Kar-wai), 2000

Sean Penn pour son film *The Pledge*, 2001

« Le cinéma c'est faire faire de jolies choses à de jolies femmes. » Qui, de David Lynch, Abel Ferrara, Alain Resnais, ou Nuri Bilge Ceylan, démentirait François Truffaut ?

Abel Ferrara et Drea De Matteo, *R Xmas* (A. Ferrara), 2001

Naomi Watts, David Lynch et Laura Helena Harring, *Mulholland Drive* (D. Lynch), 2001

Nuri Bilge Ceylan et Ebru Ceylan,
Lointain (N. Bilge Ceylan), 2003

Sabine Azéma et Alain Resnais,
Je t'aime je t'aime (A. Resnais), 2002

Jean-Pierre Léaud et Tsai Ming-liang,
Et là-bas, quelle heure est-il ? (T. Ming-liang), 2001

Seung Woo-cho, Im Kwon-taek et Sung Nyu-kim,
Le Chant de la fidèle Chunhyang (I. Kwon-taek), 2000

Quentin Tarantino, 2001

Liron Levo, Amos Gitaï, et Tomer Russo,
Kippour (A. Gitaï), 2000

Leonardo Di Caprio, Martin Scorsese et Cameron Diaz,
en promotion pour *Gangs of New York* (M. Scorsese), 2002

« Avec mes lunettes de soleil, je suis Jack Nicholson. Sans elles, je suis gros et j'ai soixante-dix ans ! »

Jack Nicholson, *Monsieur Schmidt* (Alexander Payne), 2002

George Lucas, 2002

Lars Von Trier et Björk, *Dancer in the Dark* (L. Von Trier), Palme d'Or 2000

François Ozon, pour son film *Swimming Pool*, 2003
Vincent Cassel, *Irréversible* (Gaspard Noé), 2002
Guillaume Canet, 2002
Robinson Stévenin, *La Petite Lili* (Claude Miller), 2003

Woody Allen s'est fait désirer par le Festival pendant vingt ans. Il envoyait sa sœur, qui lui ressemble comme un frère, ou ses bons mots. « Je ne veux pas accéder à l'immortalité grâce à mon oeuvre, je veux y accéder en ne mourant pas. » Woody a fini par succomber. Heureux ?

Woody Allen pour son film *Hollywood Ending* et Soon Yu, 2002

Philippe Noiret et Michel Bouquet, *Les Côtelettes* (Bertrand Blier), 2003

Raymond Depardon, 2004

Jean-Pierre Cassel, 2003

Jean Rochefort, membre du jury, 2003

Philippe Noiret, *Les Côtelettes* (Bertrand Blier), 2003

Charlize Theron et Geoffrey Rush,
Moi, Peter Sellers (Stephen Hopkins), 2004

Sami Bouajila et Hippolyte Girardot,
En jouant "Dans la compagnie des hommes" (Arnaud Desplechin), 2003

James Cameron pour son film
Les Fantômes du Titanic, 2003

Vincent Gallo pour son film
The Brown Bunny, 2003

Keanu Reeves, *Matrix Reloaded*
(Andy et Larry Wachowski), 2003

Michael Madsen, 2003

Yagira Yuuya, *Nobody Knows* (Hirokazu Koreeda), 2004

Gus Van Sant pour son film *Elephant*,
Palme d'Or 2003

Chopard

« C'est ma fille, là-dedans ? » *Mystic River*
« Voilà. On va mourir aujourd'hui. Je n'ai jamais embrassé personne, et toi ? » *Elephant*
Deux immenses films, deux tragédies américaines en miroir.

John Robinson, Gus Vant Sant, Alex Frost et Elias MacConnell, *Elephant* (G. Van Sant), Palme d'Or 2003

Clint Eastwood pour son film *Mystic River*, 2003

Tim Robbins et Kevin Bacon,
Mystic River (Clint Eastwood), 2003

David Carradine, *Kill Bill vol. 2* (Quentin Tarantino), 2004

Kevin Costner, 2003

Michael Moore pour son film *Fahrenheit 9/11*, Palme d'Or 2004

Aki Kaurismaki pour son film *Les Lumières du faubourg*, 2006

Maggie Cheung, Olivier Assayas et Nick Nolte,
Clean (O. Assayas), 2004

Benoît Poelvoorde, membre du jury, avec Jean-Pierre Bacri,
Selon Charlie (Nicole Garcia), 2006

Le réalisateur américain
John Ford considérait
qu'aucun paysage naturel,
aussi grandiose fut-il,
ne valait ce paysage
passionnant qu'est un
visage humain...

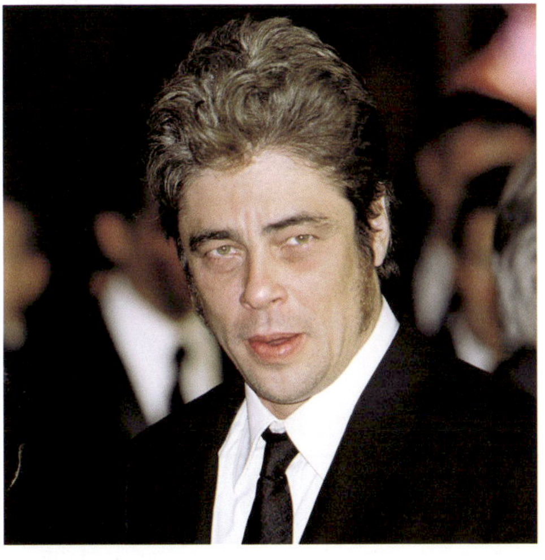

Roberto Rodriguez, Benicio Del Toro
et Mickey Rourke, *Sin City*
(R. Rodriguez et Franck Miller), 2005

Ewan MacGregor et Emily Mortimer, *Young Adam* (David MacKenzie), 2003

David Cronenberg et Viggo Mortensen, *A History of Violence* (D. Cronenberg), 2005

Très en cheveux, Gael Garcia Bernal, la jeune idole mexicaine, et Choi Min-sik, star coréenne. Compétition amicale de têtes d'œufs entre Bruce Willis, qui monta quatre fois les marches et Clovis Cornillac, le nouveau prodige du cinéma français populaire.

Gael Garcia Bernal, *Babel* (Alejandro Gonzales Iñarritu), 2006

Choi Min-sik, *Old Boy* (Park Chan-wook), 2004

Clovis Cornillac et Bruce Willis, 2006

Sami Bouajila, Sami Naceri, Jamel Debbouze et Roschdy Zem, *Indigènes* (Rachid Bouchareb), 2006

Abderrahmane Sissako, Danny Glover, Aïssa Maïga (à droite), *Bamako* (A. Sissako), 2006

Morgan Freeman, 2005

Simon Yam, *Election* (Jonnhie To), 2005

Tommy Lee Jones, *Trois Enterrements* (T. Lee Jones), 2005

Danny Glover, *Manderley* (Lars Von Trier), 2005

Sam Shepard,
Don't Come Knocking
(Wim Wenders), 2005

Ethan Hawke, *Fast Food Nation* (Richard Linklater), 2006
Elijah Wood, *Paris, je t'aime* (collectif), 2006
Romain Duris, *Exils* (Tony Gatlif), 2004
Greg Kinnear, *Fast Food Nation* (Richard Linklater), 2006

Clive Owen, *Sin City* (Robert Rodriguez et Frank Miller), 2005

Robert Downey Jr., *Kiss Kiss Bang Bang* (Shane Black), 2005

Jason Schwartzmann et Kirsten Dunst, *Marie Antoinette* (Sofia Coppola), 2006

Brad Pitt, *Troie* (Wolfgang Petersen), 2004

Antonio Banderas, *Shrek 2*
(Andrew Adamson, Kelly Asbury, Conrad Vernon), 2004

Bill Murray, *Broken Flowers* (Jim Jarmusch), 2005

Tom Hanks, *Da Vinci Code* (Ron Howard), 2006

Entre Pedro Almodóvar et Cannes, la passion flambe depuis 1999, et *Tout sur ma mère*, Prix de la mise en scène. Finir sur *Volver*, c'est choisir pour mot de la fin une promesse : revenir ! Revenir à Cannes, le vœu secret de tous les amoureux du cinéma.

Penelope Cruz, Pedro Almodóvar et Carmen Maura,
Volver (P. Almodóvar), 2006